I0751574

Maykel Balmaseda Alburquerque

ESCUELA CUBANA DE BOXEO

Análisis de las acciones técnico-tácticas (SOBOX).

Título: ESCUELA CUBANA DE BOXEO: ANÁLISIS DE LAS ACCIONES TÉCNICO-TÁCTICAS (SOBOX).

Autor: MAYKEL BALMASEDA ALBURQUERQUE

Editorial: WANCEULEN EDITORIAL DEPORTIVA, S.L.
www.wanceulen.com

ISBN: 978-84-9993-340-5

Dep. Legal: SE 1375-2013

Primera Edición: Año 2013
Impreso en España: Publidisa

Dedicatoria:

Este libro está dedicado a mi madre, quien me regalo mi primer libro sobre boxeo, el que en su dedicatoria decía: "a mi hijo que boxeador o no es y será la causa de mi existir"....**A mi madre con todo mi amor y agradecimiento de vida!**

Agradecimientos:

A Julen Castellano y Oidui Usabiaga, mis directores de tesis, por sus extraordinarias e inolvidables orientaciones y afectos, así como por haberme hecho sentir acompañado en todo el proceso de investigación.

Al profesor Carlos Manuel Miranda Lao, por haberme nutrido de conocimientos, ejemplo y amor hacia el boxeo.

A los entrenadores Lic. Raúl Fernández Liranza, Lic. Waldo Santiago Muños, Lic. Flor Ernesto Aizpurua Portuondo, Lic. Santiago Julián Suarez Tavio, Prof. Carlos Manuel Miranda Lao, al metodólogo Lic. Jacobo de Jesús Julián Rubio, a los boxeadores retirados el subcampeón olímpico (Montreal-76) Lic. Ramón Dubalón y al doble campeón olímpico (Barcelona-92, Atlanta-96) y mundial (Tampere-93, Berlin-95) Lic. Héctor Vinent Charón por sus inestimables colaboraciones.

A todos francamente,

¡Muchas Gracias!

"Para ir delante de los demás, se necesita ver más que ellos".

José Martí.

ÍNDICE

Introducción

El boxeo es un deporte de combate caracterizado por el enfrentamiento en la superación recíproca de dos competidores. En esta disciplina deportiva la victoria se alcanza mediante la aplicación de un conjunto de acciones técnico-tácticas determinadas por una precisa reglamentación oficial. El objetivo final del boxeo es golpear al adversario de forma efectiva, procurando mantener una condición defensiva que garantice no ser golpeado.

Este deporte, atesora una historia de más de 5.000 años, lo que lo convierte "en un deporte de todos los tiempos" (Gradopólov, 1979, p. 9). Después de unos inicios caracterizados por su práctica violenta en los comienzos del siglo XVIII (1719), en su versión con los "puños desnudos", el boxeo ha transitado hacia una práctica cada vez más segura, donde la victoria depende menos de la imposición de la fuerza, y más de la gestión técnico-táctica determinada por las "interacciones de marca" (Hernández, 2000, p. 31), sobre la base de las acciones ganadoras efectuadas. Esta tendencia ha estado condicionada, entre otros factores, por la introducción del sistema computarizado de votaciones y toma de decisiones en este deporte (Moscú, 1989).

El diagnóstico preciso del espectro de conductas estratégicas, los estilos preferenciales de combate de los competidores, los tipos y modos de ejecución ofensiva-defensiva, constituyen un papel imprescindible de cara a la organización del contenido de la preparación de los boxeadores de rendimiento, así como del plan estratégico y técnico-táctico a seguir por estos durante la realización del ejercicio competitivo.

Dada la importante variedad de posibilidades y combinaciones de acción en el boxeo, son muchas y muy variadas las conductas estratégicas que a priori puede presentar un competidor en este deporte y, por tanto, los diagnósticos emitidos por los técnicos (desde su percepción) tienden a ser muy subjetivos, irregulares y, por consiguiente, relativamente imprecisos. Por ello y, apoyados en la Metodología Observacional (MO), abordamos esta obra con la intención de acerca al lector a la primera herramienta científica para el análisis y descripción de las acciones técnico-táctica del boxeo de rendimiento construida por medio de la utilización de parámetros científicos marcados por la MO.

En esencia el corpus de la obra ofrece los aspectos más significativos para la mejor comprensión del Sistema Observacional para el Boxeo (SOBOX) que se ofrece como la solución al registro, análisis y predicción de los patrones de conducta del conjunto de acciones técnico-tácticas en el boxeo.

CAPITULO I
Un acercamiento al boxeo

El presente capítulo está compuesto por dos apartados en los que hemos tratado de contextualizar el ámbito del boxeo de alto rendimiento, para facilitar la familiarización y comprensión de esta disciplina deportiva. En un primer apartado, hemos descrito el contexto histórico o lógica externa del boxeo. En un segundo, se ha analizado y descrito la estructura o lógica interna de este deporte, especificando la relación que existe entre el boxeador y el espacio, el tiempo, el objeto y con su oponente.

1.1. CONTEXTO HISTÓRICO DEL BOXEO

Los orígenes del llamado "deporte de los puños", se pueden precisar a partir de los hallazgos que se han acumulado de la antigüedad, fundamentalmente vinculados al pugilato que era el nombre que recibía, en remotos tiempos, la actividad que hoy todos identificamos como boxeo.

Dichos hallazgos, fruto de numerosos descubrimientos arqueológicos entre los que se encuentran, los dirigidos por Ephiriam A. Speiser y un grupo de arqueólogos australianos de la Universidad de Pensilvania (1933), al descubrir en Khafajah (Tepe Gowra) cerca de Bagdad (capital de Irak), en un templo construido hace unos 3500 años, dos piezas. Una de piedra con una representación de dos púgiles en guardia; otra de bronce representando a dos púgiles en acción. Destacar también los efectuados por Sir Arthur John Evans (1900) de unas imágenes de pugilistas en relieves y vasos de Hagia Triada, en la minoica Knossos (isla de Creta).

Los anteriores ejemplos citados se suman a muchos otros y constituyen las evidencias objetivas que demuestran que el tipo de actividad humana que se analiza atesora una historia de más de 5000 años, lo que convierte, según Gradopólov (1979), al boxeo en "un deporte de todos los tiempos". Existen muchas representaciones o pinturas en las que aparecen por ejemplo, escenas de peleas de puños, grabadas en las paredes de los sepulcros de un faraón de la dinastía XVIII (1600 a.n.e.); relieve encontrado en el Tigris-Eufrates, Mesopotámia (1500 a.n.e.); imágenes de pugilistas en un jarrón Minoico, Chipre (1100 a.n.e.); una xilografía rusa (fines del siglo XVII), etc.

Estas evidencias son inequívocos testimonios de la existencia y proliferación de lo que puede entenderse como la génesis del boxeo, en los pueblos de África, Egipto, Grecia y Europa, fundamentalmente.

El honor, en la cultura griega respondía al premio por sus capacidades. La victoria en justa contienda, significaba ostentar ese honor ganado por medio de la destreza y la fuerza personal. Por ello y con este fin, eran tan populares la realización de juegos o festivales competitivos, a través de diferentes actividades, ya fuera para festejar a sus huéspedes, para rendir culto a sus dioses, etc. Entre estos festivales o juegos de la antigüedad, encontramos, por citar algunos, los panhelénicos en el Peloponeso, los ístmicos en Corinto, los olímpicos en la Elide, los piticos en Delfos y los nemeos en la Argólida. Cabe destacar, que solo ha perdurado hasta nuestros días de todos estos festivales o juegos, los olímpicos, más allá de las razones geográficas de aquel tiempo, el motivo de ello estriba en que por acuerdo, durante y para la realización de estos juegos se declaraba una tregua y, por tanto, se detenía cualquier conflicto bélico que se estuviese llevando a cabo.

Estos juegos olímpicos en particular, fueron instituidos en el año 776 y el pugilato participa por primera vez en el año 668 en la XXIII (23) olimpiada. En estos juegos, el pugilato se efectuaba entre el segundo y el tercer día de competición y el combate se realizaba cuando el sol era más ardiente, con intensión de comprobar las cualidades físicas de los púgiles. En esos juegos no existían cuadriláteros, el terreno estaba limitado por los propios espectadores, puesto que se consideraba un acto de cobardía si el pugilista cedía terreno a su rival; dichos combates, se realizaban hasta que uno de los dos competidores reconocía la derrota, o se caía y no continuaba la lucha.

Con la decadencia del imperio romano en occidente, declina el arte de los puños y se considera a Varadzat el último campeón del pugilato de los juegos olímpicos antiguos. En el siglo IV, específicamente en el año 321, el emperador Teodosio abolió estos juegos que tuvieron que esperar 1502 años, justo hasta el 6 de abril de 1896, para reanudarse, gracias a la voluntad de Pierre de Fredi, Barón de Coubertin.

Aunque no existe información suficiente, puede decirse que el pugilato en la edad media tuvo muy poca acogida entre los señores feudales, ya que las peleas de los puños, en occidente fundamentalmente, no eran parte de la formación de caballeros durante la época medieval. Sin embargo, se tiene constancia que el pugilato se seguía ejercitando, pues alrededor del siglo XIII había, en un pueblo de Italia, un profesor de nombre Bernardo que instruía y, además, actuaba como árbitro y, organizador (Domínguez y Llano, 1987).

Por otra parte, en Rusia entre los siglos XV y XVII, las peleas de puños se convirtieron en uno de los elementos del sistema de educación física (autónomo y popular) de aquella época. Generalmente, dada la gran cantidad de practicantes, se realizaban formaciones de "muro" contra "muro", con una clara diferenciación de los "nuestros" y los "contrarios". Según el profesor ruso Gradopólov (1979), las reglas de la pelea de puños rusa hallaron su reflejo en muchos proverbios y refranes. Los proverbios: "al caído no se le pega" y "el caído ya no pelea", revelan el carácter noble de los púgiles rusos durante el combate. El refrán "vale más maña que fuerza" evidencia un estado de comprensión que supone que para alcanzar la victoria en el combate, no basta sólo la fuerza, sino también las habilidades adquiridas.

En 1719, cuando la estructura socio-económica y política está en proceso de transformación hacia la fase burguesa, reaparece en Inglaterra el boxeo. Su pionero fue James Figg. A partir de esta época el pugilato se transforma y es cuando comienza a llamarse *boxeo*.

A comienzos del siglo XVIII, James Figg, abandona su sala de armas de Totenham Court Road en Londres, para dedicarse al boxeo a puños desnudos. En estos inicios, el boxeo carecía de reglas, hasta el extremo de que los contendientes se empujaban y se derribaban frecuentemente sin mediar ni un golpe. Además, se usaba el bastón en los combates y había una sola división: la de los pesos completos.

En el año 1719, se efectúa en Inglaterra el primer campeonato oficial mundial de boxeo en el que participó James Figg contra Ned Sutton, dicho encuentro comenzó con los puños, después tomaron las espadas para darse golpes planos y por último, el bastón: un fuerte bastonazo de Figg a las piernas de su contrario puso fin al combate, coronándose James Figg como el primer campeón del mundo de los puños desnudos, recordemos que los puños de los boxeadores no estaban protegidos y de ahí deriva esa denominación.

El nuevo campeón abrió una escuela de boxeo para la nobleza inglesa. En dicha escuela se eliminó definitivamente el uso del bastón como el instrumento que diera la victoria. Los practicantes eran atendidos por Figg. En el gimnasio y después de cada combate, se producía un análisis del maestro para corregir los errores cometidos. El boxeo era un deporte en el que prevalecía la fuerza. Se combatía en las trastiendas de las salas de diversión y en los prados.

Del 29 de agosto al 7 de septiembre de 1904 se efectúan en San Luis (Estados Unidos de América) los III juegos olímpicos de la era moderna, en cuya programación deportiva figuraba el boxeo después de dos ediciones sin que fuera incluido, en los JJOO de Grecia en 1896 y Francia en 1900. La causa de esta exclusión estribó en los injustos argumentos ofrecidos por los dirigentes del Comité Olímpico Internacional (COI) considerando que su práctica continuaba siendo "peligrosa".

El 20 de agosto de 1920, se crea la Asociación Internacional de Boxeo Amateur (AIBA), que es el órgano rector a escala mundial del boxeo aficionado. Bajo la juridisprudencia de esta asociación, se ha organizado todo un aparato competitivo mundial, a través de eventos regionales, continentales y del orbe. Por su importancia y repercusión histórica, seguidamente, precisaremos cronológicamente las primeras ediciones de los campeonatos y copa del mundo de boxeo amateur:

- En el año 1974, se celebra en La Habana (Cuba), el primer Campeonato Mundial de Boxeo Amateur.
- En el año 1979, se efectúa en Yokohama (Japón), el primer Campeonato Mundial Juvenil de Boxeo Amateur (sub-19).
- En el año 1979, se lleva a cabo en New York (Estados Unidos de América), la primera Copa Mundial de Boxeo Amateur.
- En el año 2001, se realiza en Bakú (Azerbaiján), el primer Campeonato Mundial de Cadetes de Boxeo Amateur (sub-17).
- En el año 2001, se efectuaron en Scranton (Estados Unidos de América) el primer Campeonato Mundial de Mujeres de Boxeo Amateur.

En el boxeo profesional proliferan los organismos rectores, actualmente existe la Asociación Mundial de Boxeo (AMB), el Consejo Mundial de Boxeo (CMB), la Federación Internacional de Boxeo (FIB) y la Organización Mundial de Boxeo (OMB). Todos estos órganos tienen sus propias listas de campeones que, a menudo, son muy diferentes entre sí. Finalmente, destacaremos que el siglo XX fue el periodo de la real popularización y difusión de este deporte por el mundo (Ogurenkov. 1966).

1.2. LA LÓGICA INTERNA DEL BOXEO

La lógica interna se define como "el sistema de rasgos pertinentes de una situación motriz y de las consecuencias que entraña para la realización de la acción motriz correspondiente" (Parlebas, 2001). El boxeo, atendiendo a su estructura funcional o al desarrollo de la misma se clasifica como un deporte de combate (Bouet, 1968; Durand, 1969; Knapp, 1979), entre otros. Parlebas (1981) propone considerar a toda la situación motriz como un sistema de interacción global entre un sujeto actuante, el entorno físico y el/los otro/s participante/s eventuales, identificándose a partir del establecimiento de una interacción motriz (socio-motricidad) por la oposición contra adversarios en la cual el boxeo se inserta en el sistema global de duelos deportivos.

La actividad boxística constituye un duelo individual de interacciones motrices directas en los que la naturaleza del blanco y los medios para alcanzarlos se convierten en factores determinantes (Parlebas, 1988). Por ello, la lógica interna de los combates singulares es una lógica de destrucción real o simbólica del cuerpo humano (Parlebas, 1988). En esta disciplina debido a la corta distancia de guardia, los espacios individuales de interacción y que el espacio-objetivo coincide con el cuerpo del adversario los daños orgánicos pueden aún acarrear graves traumatismos.

Las características de la lógica interna vienen dadas por la propia definición de la acción motriz y están ligadas directamente al sistema de obligaciones impuesto por las reglas del juego deportivo (Parlebas, 2001). El propio autor define que la acción motriz como el proceso de realización de las conductas motrices de uno o varios sujetos que actúan en una situación motriz determinada y, a su vez, especifica que el contrato lúdico es un acuerdo explicito o tácito que vincula en un juego a quienes participan en el mismo, fijando o cambiando su sistema de reglas (Parlebas, 2003). Debemos encauzar el análisis de la descripción de la lógica interna del boxeo, por una parte, al referido proceso conductual y, por otro, al contrato lúdico en que se desarrolla el mismo. Dicha descripción por tanto se expresará a través de la caracterización de los elementos que delimitan la lógica interna del boxeo: espacio, tiempo, objeto y las relaciones entre los participantes.

En los siguientes apartados desarrollaremos las particularidades del boxeo en relación con cada uno de los parámetros estructurales. Estos elementos vienen marcados por el reglamento.

1.2.1. El espacio.

Todas las acciones de juego se desarrollan en el interior de un espacio claramente definido y delimitado; todo lo que se produzca fuera de él carecerá de sentido (Parlebas, 1974). La utilización del espacio por parte de los competidores es un factor fundamental que condiciona la actuación en las diferentes situaciones en las que se desarrolla un combate de boxeo.

El espacio en que se desarrolla la actividad competitiva en el boxeo, se denomina ring o cuadrilátero. El mismo debe cumplir determinadas normas establecida por el principal organismo rector de este deporte en el mundo, que es la Asociación Internacional de Boxeo Amateurs (AIBA) y que establecen para todos los eventos boxísticos tanto nacionales como internacionales, las siguientes dimensiones, condiciones y accesorios adjuntos al ring:

Dimensiones: en todos los eventos aprobados por AIBA, el ring de competencia debe tener un tamaño de 6.10 metros cuadrados (20 pies) dentro de la línea de las cuerdas. Para las demás competencias, las dimensiones mínimas dentro de las cuerdas del ring deben ser 4.90 metros cuadrados (16 pies) y las máximas 6.10 metros cuadrados (20 pies). El tamaño del borde fuera de la línea de las cuerdas de cada lado debe ser de 85 cm (33.5 pulgadas) para todos los eventos aprobados por AIBA y por lo menos 46 cm (18 pulgadas) fuera de la línea de las cuerdas en cada lado para las demás competencias, incluyendo lona adicional necesaria para apretar y asegurar.

Plataforma y protección de las esquinas: la plataforma deberá estar construida sólidamente, bien nivelada, sin irregularidades en su superficie ni elementos sobresalientes que obstaculicen los movimientos y deberá tener un margen mínimo o prolongación 0´50 m. por fuera de la línea de las cuerdas. Estará provisto de cuatro postes uno en cada una de las esquinas, forrados o construidos de tal manera que los boxeadores no puedan herirse contra ellos.

La zona interior del ángulo formado por las cuerdas en cada esquina estará protegida con una colchoneta estrecha vertical que cubra al mismo tiempo los ángulos formados por las cuatro cuerdas impidiendo que los competidores puedan golpearse con los mecanismos tensores de las mismas. Las protecciones acolchadas de las esquinas (o rinconeras) se dispondrán de la siguiente manera de acuerdo con la posición de la mesa del jurado: la esquina izquierda del ring, la más próxima a la mesa del jurado será de color rojo, la esquina izquierda más alejada, de color blanco, la esquina derecha más alejada de color azul, la esquina derecha más próxima de color blanco. Por lo tanto, la mesa de oficiales, situada en un lateral del ring, tendrá a su izquierda un rincón rojo y a su derecha uno blanco.

El ring dispondrá de tres escaleras. Dos escaleras en las esquinas roja y azul, opuestas, para los boxeadores y los entrenadores, y otra escalera en la esquina neutral a la derecha de la mesa de oficiales para los árbitros y los médicos.

El piso estará cubierto de fieltro, goma u otro material debidamente aprobado con propiedades similares de elasticidad y un grosor mínimo de 1.3 cm (media pulgada) y máximo de 1.9 cm (3/4 de pulgada), sobre el que se extenderá, tensará y fijará una lona gruesa. La lona debe cubrir toda la superficie de la plataforma y debe estar hecha con material antideslizante.

<u>Condiciones:</u> tendrá cuatro cuerdas, bien estiradas y tensas, de 4 cm. Las cuatro cuerdas deben estar a una altura de la lona de 40.6 cm (16 pulgadas), 71.1 cm (28 pulgadas), 101.6 cm (40 pulgadas) y 132.1 cm (852 pulgadas) respectivamente. Las cuatro cuerdas deben estar unidas entre sí en cada lateral y a intervalos regulares con dos cintas de tela (con una textura parecida a la de la lona) de 3 a 4 cm (1.2-1.6 pulgadas) de ancho, estas cintas no deben deslizarse a lo largo de las cuerdas (ver Imagen 1.1)

En todos los eventos aprobados por AIBA, el comité organizador debe utilizar rings fabricados por uno de los proveedores oficiales y autorizados por la AIBA. Todos los eventos aprobados por la AIBA deberán utilizar un cuadrilátero con una etiqueta oficial de aprobación de la AIBA.

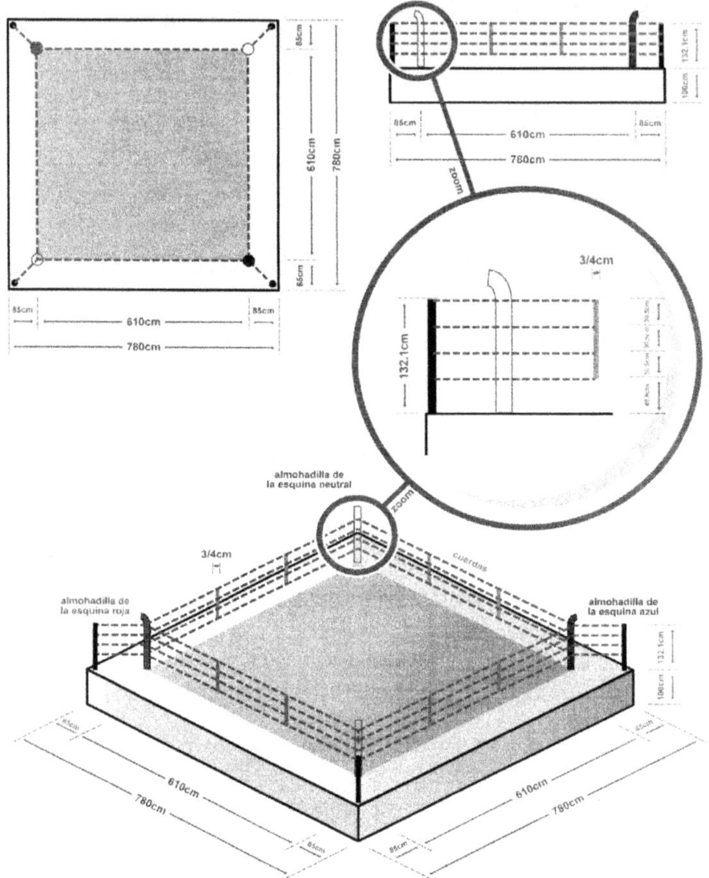

Imagen 1.1. Representación del ring o cuadrilátero oficial de boxeo

<u>Accesorios adjuntos al ring</u>: los siguientes aspectos que se enumerarán a continuación se definen como los accesorios adjuntos al ring, que son requeridos para todos los eventos aprobados por la AIBA:

1) En las dos esquinas neutrales y fuera del ring, se fijará una bolsa de plástico pequeña, donde el jurado médico, los médicos o los Árbitros deben depositar el algodón o las compresas de gasa que se hayan utilizado para curar las hemorragias.
2) Un gong (con martillo) o campana. En caso de que haya dos rings de competencia, uno de ellos tendrá un gong y el otro una campana con sonidos distintivos.
3) Dos taburetes para uso de los boxeadores durante los intervalos entre asaltos.

4) Dos vasos de plástico que se usarán únicamente para beber agua y enjuagarse la boca y, si no hubiese suministro de agua corriente en el área adyacente al ring, dos aerosoles de agua de material plástico y dos botellas pequeñas de plástico con agua para beber. No se permitirá ningún otro tipo de botellas en el ring ni para uso de los boxeadores ni de los entrenadores.
5) Mesas y sillas para los oficiales.
6) Uno (o preferiblemente dos) cronómetros.
7) Un botiquín de primeros auxilios.
8) Un micrófono conectado al sistema de megafonía.
9) Dos pares de guantes reglamentarios (uno de color rojo y otro azul).
10) Una camilla.
11) Dos cascos protectores (uno de color rojo y otro azul).

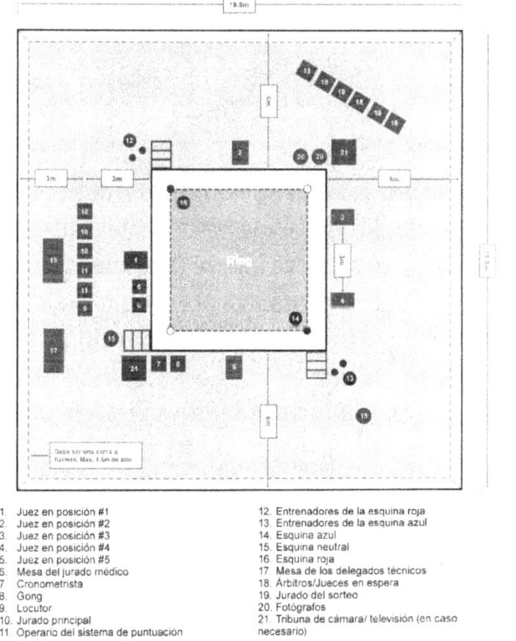

Imagen 1.2. Representación de la disposición de los participantes y accesorios en torno al ring durante un evento boxístico.

La relación con el medio se aprecia por la información que el sujeto obtiene a partir del medio material a fin de organizar sus conductas motrices (Parlebas, 2001). Si ese entorno es estable y reconocido por el individuo actuante, la cantidad de información que proporciona tiende a ser nula. Si es fluctuante y cargado de imprevistos, la cantidad de información obtenida es considerable y varía dependiendo del nivel de aprendizaje del sujeto y de su grado de familiarización con la situación alcanzando una incertidumbre máxima (Parlebas, 2003).

Atendiendo al criterio de presencia o ausencia de incertidumbre, el espacio de juego se puede distribuir en tres categorías: domesticado, semi-domesticado y salvaje (Parlebas, 2001). El espacio domesticado es aquel donde existen imprevistos e incertidumbre que pudiera proceder de su entorno, quedando anulado la dimensión informacional casi del todo y omitida la descodificación semiótriz. El espacio semi-domesticado o parcialmente adaptado, es aquel donde hay señales (orientación), pero el espacio sigue siendo móvil o cambiante (con incertidumbre) y el actuante necesita leer su entorno y tomar decisiones sobre él. El espacio salvaje aparece cuando el medio no ha sido adaptado y es completamente o en gran parte incierto (cambiante, móvil), donde impera la incertidumbre y, por tanto, el participante debe tener la capacidad de leer indicios pertenecientes a este entorno para poder orientarse y tomar las decisiones necesarias (semiotricidad respecto al medio).

El boxeo se desarrolla en un espacio domesticado. El ring o cuadrilátero presenta una serie de subespacios funcionales diferenciados, fijos e inmóviles (ya que no variar ni su posición, ni su dimensión), estos subespacios se identifican con las cuatro esquinas presentes en el ring, dos de color blanco opuestas entre si y otras dos igualmente opuestas de colores azul y rojo respectivamente, en las que de forma reglada se ubican los competidores durante los descansos al finalizar cada asalto (así como en las interrupciones durante cada asalto).

El reglamento oficial de AIBA, regula los modos, momentos y situaciones en los que se hacen uso de estos subespacios:

- Subespacio #1: este subespacio se identifica con las esquinas roja y azul y en ellas los competidores son atendidos en el minuto de descanso entre asaltos; se acerca el árbitro para que se limpie con agua el protector bucal en caso de caer al suelo durante el combate, o para que el entrenador seque al boxeador si está excesivamente mojado después del minuto de descanso, etc.

- Subespacio #2: este subespacio se identifica con las esquinas blancas y en ellas los árbitros orientan a los competidores para que se ubiquen siempre que ocurre una interrupción durante los asaltos, ya sea por causa de una cuenta de protección, penalización, intervención médica, etc.

Un elemento en relación al espacio y la utilización del mismo en este deporte lo ocupa la figura del árbitro, que se encuentra dentro del ring durante todo el combate y, aunque tiende a ser excepcional, se han dado casos en los que los competidores han tropezado, e incluso golpeado a este en la realización de sus funciones, en ambos casos no se percibe ninguna amonestación, ni penalización siempre que sea evidente la involuntariedad de la acción.

En el boxeo se desarrolla un alto nivel de orientación espacial debido a que sus acciones se ejecuten y desarrollan en un área muy limitada por su reglamentación. En tal sentido el boxeador debe conocer la posición que el ocupa en el área correspondiente frente al adversario, desarrollándose una capacidad de valorar con exactitud el espacio en que se encuentra y orientarse en este sentido para tomar una decisión apropiada antes de ser puesto contra las cuerdas o esquinas. De ahí que la orientación espacial constituye una cuestión imprescindible para la excelencia en la gestión boxística y, por extensión, para la obtención de altos resultados competitivos.

1.2.2. El tiempo.

En relación al aspecto formal, un combate de boxeo tiene una duración que varía en función de la categoría de edad que fuere, en todas las competencias de AIBA masculinas elite y juveniles masculinas, los combates consistirán en tres asaltos de tres minutos cada uno, con un minuto de descanso entre los asaltos uno-dos y dos-tres. En todas las competencias de AIBA femeninas elite y juveniles femeninas, los combates consistirán en cuatro asaltos de dos minutos cada uno, con un minuto de descanso entre los asaltos uno-dos, dos-tres y tres-cuatro. En todas las competencias de AIBA, junior femeninas y masculinas, los combates consistirán en tres (3) asaltos de dos (2) minutos cada uno, con un minuto de descanso entre los asaltos uno-dos y dos tres.

Extraordinariamente el árbitro puede pedir al juez cronometrista que detenga el tiempo y dichas razones pueden ser debidas, a causa de un golpe no valido que deja al oponente en desventaja a la hora de reanudar el combate, por una interrupción ajena a la voluntad de los competidores, etc.

El árbitro tiene autoridad para detener las acciones del combate tantas veces como considere para garantizar y hacer aplicar todos los aspectos reglados del combate, indicando de forma mímica la falta cometida por el precepto que fuere en el desarrollo de cualquier acción.

Los competidores tienen además derecho a un minuto de descanso entre asaltos, a tres cuentas de protección en un asalto y hasta un total de cuatro durante todo el combate, durante este tiempo el boxeador dispone de 10 segundos para recuperarse de una acción que puede afectar su estado de conciencia o limitar su capacidad física.

El tiempo está estrechamente vinculado al espacio y al uso que se hace de este. El combate de boxeo transcurre en una relación entre los participantes, esta interacción ocurre en un espacio y un tiempo determinado. Si un boxeador ejecuta un Recto con la mano Anterior a la Cabeza (RAC) a su oponente (relación de comunicación), esta interacción ocurre en un determinado espacio (zona del ring) y en un tiempo (momento) donde los competidores desarrollan sus respectivas acciones motrices deportivas.

La utilización del espacio se relaciona igualmente con el tiempo y desde luego con la interacción de los participantes, concretamente con el uso que se hace del espacio en función de la puntuación y el tiempo límite de duración del combate y los asaltos con una puntuación ganadora sin dudas el competidor evitara el intercambio de golpes y, por tanto, hará un énfasis en el desplazamiento defensivo utilizando todo el espacio disponible para alejarse de su oponente, quien por su parte y condicionado por la gestión defensiva del contrario se ve obligado a cortar el paso con desplazamientos en función ofensiva para buscar el intercambio de golpes que le permita irse arriba en la puntuación.

Esta dinámica tanto de ritmo de combate, como del espacio y su utilización en función del tiempo límite del combate evidencia una relación inversamente proporcional, en la medida que el tiempo transcurre y se acerca al tiempo límite final, el ritmo de combate y la utilización del espacio aumentan debido a las características propias del ejercicio competitivo de este deporte.

Otro elemento a destacar se identifica con la relación entre el tiempo y el ritmo de las acciones. El ritmo de combate se relaciona esencialmente con el número de acciones ofensivas ejecutadas (efectivas o no) por unidad de tiempo (equivalente a tres minutos), por ello el ritmo de combate está determinado por el ritmo (cantidad) de golpeo. Existe un comportamiento ascendente en el ritmo del combate a medida que transcurre el asalto, y llegado los últimos diez segundos del tiempo total del asalto se alcanza su máximo nivel, esta tan asumido este esfuerzo final por parte de los competidores (consientes de que seguidamente pasaran al descanso) que los jueces-cronometristas le hacen saber a los competidores que faltan solo esos diez segundos dando unos golpes en la base metálica del ring, ello es una práctica tanto en eventos nacionales como internacionales.

Una particularidad en este deporte lo constituye la necesidad que tiene el boxeador de recurrir constantemente a una exacta apreciación de la duración de los ejercicios o de los movimientos que tiene que hacer en correspondencia con lo que realiza el contrario, de ahí el desarrollo de la percepción del tiempo. De esta forma el deportista debe poseer una alta agudeza para valorar el tiempo en que transcurren las acciones, así como el tiempo general en que se da el combate.

1.2.3. El objeto.

Los guantes de boxeo, son un requisito indispensable, una exigencia para el cumplimiento de la actividad competitiva en el boxeo moderno. Ellos constituyen el centro de atención de los competidores durante la realización del combate dado que mediante ellos se puntúa y por tanto se materializa la efectividad de cada acción ofensiva. Todo gira en torno a la posición de los guantes en el espacio valido de golpeo en términos de concentración de la atención, anticipación a partir de los movimientos de preparación del contrario, etc.

Las características que deben cumplir los guantes de boxeo están determinadas por el reglamento oficial de la Asociación Internacional de Boxeo Amater (AIBA) y en ellas se especifica que los mismos deberán:

1. Ser exclusivamente de color azul o rojo y los competidores lo usarán según su respectiva esquina.
2. Pesar cada uno de ellos 10 onzas (284 gramos), con una tolerancia del 5 % hacia arriba o hacia abajo, del cual la parte de cuero no deberá

pesar más de la mitad del peso total, y la porción de relleno no deberá pesar menos de la mitad del peso total. El margen del 5 % se aplicaría también hacia bajo y hacia arriba, respectivamente para todas las categorías.

3. El relleno de los guantes no estará ni desplazado ni roto.
4. El pulgar debe estar fijado al cuerpo principal de los guantes de boxeo por la parte superior y con una brecha máxima de 10 milímetros.
5. Los guantes serán de cierre tipo adhesivo velcro. También son admitidos los de cierre de cordones que se atarán en la zona externa (dorso de la muñeca) nunca en la parte interior. En el caso de guantes de cordones serán cubiertos con esparadrapo que podrá rodear la muñeca impidiendo que se abra o suelte.
6. La identificación del evento se puede imprimir y puede ser exhibida en la posición siguiente y con las siguientes medidas: máxima 50 cm^2 (cincuenta centímetros cuadrados) en la parte frontal superior de cada guante.
7. El logotipo del proveedor oficial puede ser impreso y puede ser exhibido en la posición siguiente y con las siguientes medidas: máxima 50 cm^2 (cincuenta centímetros cuadrados) en la muñeca de cada guante.
8. Cualquier otra forma de publicidad estará prohibida como y no limitada a un logotipo, marca de diseño, la escritura y el nombre del fabricante, etc.
9. La etiqueta de AIBA debe estar en la parte interna de los guantes.

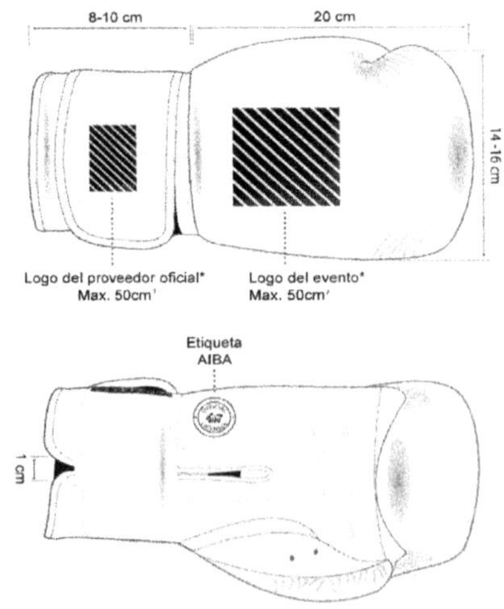

Imagen 1.3. Representación de los guantes de competición oficial en el boxeo

Sin duda alguna, en el aspecto formal el uso del guante condiciona a los competidores de manera que estos pueden realizar los diferentes elementos básicos del boxeo que conciernen al aspecto ofensivo: golpes rectos, cruzados y de gancho, así como sus posibles combinaciones.

Así mismo hay un sistema reglamentario que condiciona los modos y el contexto en el que se puede golpear con los guantes, dígase zona valida de golpeo e impacto final del golpe.

Zona valida de golpeo: se acepta como zona valida de golpeo toda la superficie corporal frontal anterior desde el borde superior del fajín del adversario hasta el borde superior del protector de cabeza; incluidos los contornos laterales del abdomen y la cabeza.

Zona del impacto final del golpeo: sin importar el tipo de golpeo que se ejecute, el impacto final del mismo debe hacerse con la base de las falanges en el extremo distal del metacarpiano (ver Imagen 1.4), lo cual se lograr realizando una ligera flexión palmar de la articulación de la muñeca.

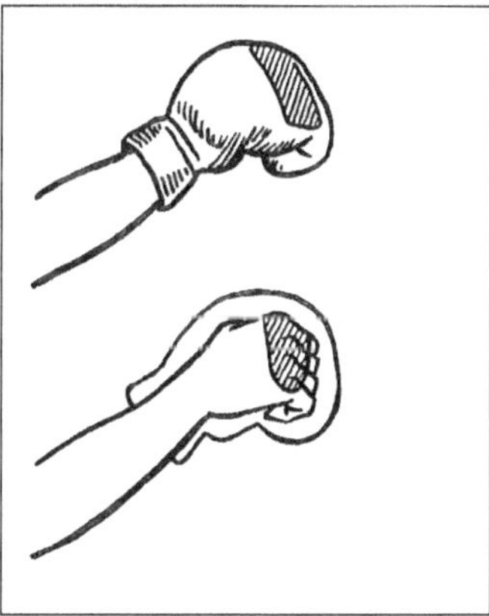

Imagen 1.4. Imagen de la zona valida y del impacto final del golpe.

Como último aspecto solo agregar que el uso de los guantes con el fin de puntuar (golpear), solo puede realizarse cuando el árbitro da la voz de mando "box", con la cual se da total independencia de movimientos y acciones a los competidores para que boxeen hasta que finalice el asalto correspondiente.

Existen algunas salvedades que se ponen de manifiesto cuando ocurren algunas interrupciones del combate siempre precedidas por la palabra "stop". Durante dichas interrupciones está prohibido usar los guantes para golpear a su oponente, las causas que determinan estas interrupciones son el hecho de cometer algunas de las faltas estipuladas en el reglamento, que de ser reiteradas durante el combate pueden conllevar a penalizaciones.

1.2.4. La relación entre los participantes.

El boxeo está incluido dentro de las situaciones motrices directas, que solamente exijen la contracomunicación motriz entre contrincantes (Parlebas, 2001). Esta comunicación de oposición admite formas muy variadas (transmisión antagónica de un objeto, de un rol sociomotor desfavorable, etc.), en el caso de los duelos, los sistemas de tanteo, solo cuentan en sus puntuaciones contracomunicaciones (Parlebas, 2001).

Las interacciones motrices de contracomunicación se establecen en el boxeo a través de un modo universal de ejecución de acciones motrices deportivas concretas, denominados elementos básicos del boxeo. Los elementos básicos se definen como aquellas habilidades más simples cuya relación expresa lo más esencial en el boxeo y constituye el soporte sobre el cual se ejecutan todas las acciones posibles de este deporte. Esta relación constituye el nexo interno e imprescindible de las numerosas acciones (simples, compuestas o combinadas) que conforman el boxeo siendo el reflejo de lo esencial en cualquiera de los niveles de profundidad de dichas acciones.

Los elementos básicos están compuestos por las siguientes habilidades:

- ✓ **Posición de guardia:** es la colocación biomecánica optima para la realización de cualquier acción técnico-táctica del boxeo, manteniendo una condición defensiva.
- ✓ **Desplazamientos:** son los movimientos de piernas en forma de pasos planos, pasos diagonales y de péndulo, que se ejecuta un sujeto para trasladarse en distintas direcciones en la realización de cualquier acción técnico-táctica del boxeo.
- ✓ **Giros:** son los movimientos que se ejecutan con las piernas para realizar cambios bruscos del sentido de la dirección en la realización de cualquier acción técnico-táctica del boxeo.
- ✓ **Golpes rectos:** son los movimientos ofensivos que se ejecutan tanto a la cabeza como al abdomen describiendo una trayectoria lineal en forma de recto.

- ✓ **Golpes de gancho:** son los movimientos ofensivos que se ejecutan tanto a la cabeza como al abdomen describiendo una trayectoria angular en forma de gancho.
- ✓ **Golpes cruzados:** son los movimientos ofensivos que se ejecutan tanto a la cabeza como al abdomen describiendo una trayectoria angular en forma de cruzado.
- ✓ **Defensas con las extremidades superiores:** son los movimientos que se ejecutan con las manos y los antebrazos, con el objetivo de anular las acciones ofensivas (ataques) del oponente, a través de paradas o desvíos.
- ✓ **Defensas con el tronco:** son los movimientos que se ejecutan con el tronco, con el objetivo de anular las acciones ofensivas (ataques) del oponente, por medio de flexiones, torsiones y circunducciones.
- ✓ **Defensas con las extremidades inferiores:** son los movimientos que se ejecutan con las piernas, con el objetivo de anular las acciones ofensivas (ataques) del oponente, por medio de pasos y giros.

Estos movimientos anteriormente definidos en su integración constituyen toda la gama de posibles acciones en este deporte, dichas acciones quedan subdivididas en acciones ofensivas y acciones defensivas. Las acciones ofensivas, que contemplan los ataques directos, los contra-ataques y ataques combinados y; las defensivas que se comportan como contraparte anuladora de las acciones ofensivas o ataques (los tipos de acciones tanto ofensivas como defensivas serán abordados más adelante).

El conjunto de acciones con las cuales se establecen las interacciones motrices deportivas en este deporte, se deben establecer bajo un estricto reglamento, el cual define los contextos o modos de incumplimiento del mismo en la siguiente relación de faltas:

1. Golpear por debajo del cinturón, jalar, zancadilla, golpear con el pie o con la rodilla.
2. Golpear con la cabeza, el hombro, el antebrazo, el codo, apretarle la mano al adversario, frotarle la cara al adversario con el antebrazo o el codo y empujar al adversario.
3. Golpear con el guante abierto, o con la parte interior del guante, o con la muñeca, o el borde de la mano.
4. Golpear al adversario por la espalda y, especialmente, golpearlo por la parte superior de la cabeza o por los riñones.

5. Golpear al adversario aprovechando el rebote provocado con las cuerdas.
6. Golpear al adversario derribado durante la caída, estando en el suelo, o cuando este incorporándose.
7. Agarrar y golpear, o jalar y golpear.
8. Golpear con manifestaciones innecesarias tanto ofensivas como agresivas durante un asalto.
9. Tratar de golpear al adversario inmediatamente después que el árbitro haya ordenado "romper" o "break" o antes de dar un paso atrás.

A través de estas acciones se establecen las relaciones de interacción motriz que tienen como principal finalidad el establecimiento de interacciones de marca en el tiempo limitado del combate. Los sistemas de puntuación en el boxeo no están jerarquizados, todas las acciones ofensivas que impartan en la zona valida de golpeo del oponente tiene un único valor y es de un punto, con excepción de las bonificaciones por amonestaciones, es decir si un boxeador comete tres veces la misma falta durante el combate se penalizan con dos puntos a favor del oponente.

Como conclusión de la realización del capítulo, podemos afirmar que hemos dado los primeros pasos para definir el boxeo determinando los rasgos por los cuales se caracteriza, identificando los elementos de esa lógica interna que debemos tener en cuenta a la hora de analizar los aspectos técnico-tácticos, como son el espacio, el tiempo, el objeto y la relación entre los participantes. Estos elementos serán considerados en elaboración de la herramienta observacional que se propondrá y con la que posteriormente realizaremos la observación de las conductas motrices en el boxeo.

CAPITULO II.
Precedentes investigativos

En este capítulo nos hemos centrado en la búsqueda de las investigaciones precedentes que nos puedan servir de referencia a la hora de enfocar y desarrollar nuestra herramienta observacional, así como hacer una aproximación al estado actual de la temática objeto de estudio en el entorno científico. Hemos canalizado nuestra búsqueda, primeramente, en el análisis bibliográfico en varias bases de datos (apartado 2.1) sobre las diferentes temáticas que de manera general han tomado al boxeo y los boxeadores como objeto de estudio. A partir de este análisis nos concentraremos en los aspectos que se han considerado relevantes y que incorporaremos más adelante a nuestro trabajo (apartado 2.2).

2.1. ANÁLISIS BIBLIOGRÁFICO EN BASES DE DATOS

A la hora de iniciar el análisis bibliométrico de las principales bases de datos existentes, hemos planteado la elaboración de una estrategia de búsqueda. Conscientes de que el deporte objeto de estudio en nuestra investigación tiene una muy discreta presencia en los principales medios de divul gación de información científica, nuestra estrategia inicial fue la de abarcar las bases de datos más representativas existentes en el ámbito del deporte o de las ciencias del deporte.

Las bases de datos consultadas han sido a nivel nacional en el territorio español: *Dialnet*[1], *e-Revistas*[2], *PEDro*[3], *Ovid-Psycinfo*[4] y *TESEO*[5;] y a nivel internacional: *MEDLINE*[6], *ISI Web of Knowledge*[7] y *SportsDiscus*[8.] Con la intención de obtener todas las publicaciones existentes se han empleado los

---

[1] http://dialnet.unirioja.es/
[2]http://www.erevistas.csic.es/ficha_revista.php?oai_iden=oai_revista332
[3] http://www.pedro.org.au/
[4] http://ovidsp.tx.ovid.com/
[5] https://www.educacion.es/teseo/irGestionarConsulta.do
[6] http://www.unboundmedicine.com/medline/ebm/search
[7] http://sauwok.fecyt.es/
[8] http://www.circ.ca/products/sportdiscus.cfm

términos de búsqueda: boxeo, *boxing* y *boxing performance*. Agregar en relación al procedimiento de búsqueda que este se ha realizado para el total de los campos de las bases de datos donde apareciesen reflejadas las palabras clave anteriormente citadas. De igual forma, en cada base de datos la búsqueda se ha extendido a cualquier tipo de fuente, ya fuesen revistas, documentos, tesis, artículos, libros o congresos.

A partir de los resultados obtenidos en esta búsqueda se han realizado una serie de análisis relacionados con el número de publicaciones, temática, así como los autores con mayor número de registros.

A continuación se exponen los resultados obtenidos en términos de frecuencia en relación a las referencias encontradas en cada una de las búsquedas realizadas en las bases de datos consultadas, tanto del ámbito nacional como internacional (ver Tabla 2.1).

Tabla 2.1. Resultados de las referencias encontradas en las bases de datos consultadas.

Base de Datos	Referencias	Porciento
Dialnet	111	29 %
e-Revistas	0	0 %
FPEDro	2	0.5 %
Ovid-Psycinfo	210	55 %
TESEO	0	0 %
SportsDiscus	60	15.5 %

La base de datos *Dialnet* es un portal de difusión de la producción científica hispana, la cual presenta un total de 5.691 revista, 2.345.285 documentos y las tesis doctorales de 38 universidades de toda España. Como se puede apreciar en la tabla 2.1 se obtuvieron de la búsqueda en función de las palabras claves boxeo y *boxing* 111 referencias. Dichas referencias se concentran fundamentalmente en el periodo enmarcado entre los años 2000 y 2010 (ver Tabla 2.2).

Tabla 2.2. Resultados obtenidos de la búsqueda en la base de datos *Dialnet*.

Palabras claves	Base de Datos	Referencias	Año	Referencias	Porcientaje
Boxeo (87) Boxing (24)	Dialnet	111	1970-1979	2	2 %
			1980-1989	25	22 %
			1990-1999	13	12 %
			2000-2009	67	60 %
			2010	4	4 %

En relación a los resultados obtenidos en *Dialnet* podemos encontrar una serie de temas relacionados con arbitraje, biomecánica, percepción visual, historia, estimación antropológica, periodismo, organización de la clase de boxeo, capacidades físicas, teoría general, ética, lesiones, recuperación, *doping*, intensidad de las cargas, etnografía, nutrición, boxeo *t'ai chi ch'uan*, boxeo *shaolin*, boxeo *wing tsun*, boxeo *taiji*, boxeo *muay thai*, boxeo *wushu*, boxeo de *wong-ion*, boxeo *hung kuen*, *kick boxing*, *kung fu* y *kata goju-ryu* (ver Tabla 2.3). De estos temas el mayor número de referencias lo encontramos en los temas historia y periodismo, con un 22 % y 33 % del total de referencias encontradas.

Tabla 2.3. Resultados ordenados en función de los temas.

Temas	Referencias	Porciento
Arbitraje	1	1 %
Biomecánica	2	2 %
Percepción visual	4	3 %
Historia	25	22 %
Estimación antropológica	1	1 %
Periodismo	37	33 %
Organización de la clase	1	1 %
Capacidades físicas	2	2 %
Teoría general	8	7 %
Ética	2	2 %
Lesiones	1	1 %
Recuperación	1	1 %
Doping	1	1 %
Intensidad de las cargas	1	1 %
Etnografía	2	2 %
Nutrición	1	1 %
Boxeo T'ai Chi Ch'uan	4	3 %
Boxeo Shaolin	2	2 %
Boxeo Wing Tsun	1	1 %

Boxeo Taiji	2	2 %
Boxeo Muay Thai	4	3 %
Boxeo Wushu	1	1 %
Boxeo de Wong-lon	1	1 %
Boxeo Hung Kuen	1	1 %
Kick Boxing	1	1 %
Kung Fu	3	3 %
Kata Goju-ryu	1	1 %

Como se puede apreciar en la Tabla 2.3 es muy reducida la cantidad de referencias encontradas que estén asociadas a las palabras clave relacionadas con el boxeo. Otro hecho a destacar dentro de las referencias encontradas es que apenas 24 tratan concretamente aspectos medulares del boxeo, por ejemplo: el tema relacionado con el arbitraje en el que se propone una metodología para su perfeccionamiento (Guardo, 2005), dos estudios biomecánicos que tratan sobre un sistema para medir las aceleraciones en el boxeo de competición (Kinnunen, Korte, Shanmugalingam, y Tuominen., 2008), el análisis del movimiento de los boxeadores en espacios métricos (Beckwith, Chu y Greenwald, 2007); la percepción visual analizada desde su desarrollo y comprensión psicopedagógica (González y Sagarra, 2006a), la escuela de boxeo como metodología para el desarrollo de la habilidad perceptiva y motilidad ocular en el entrenamiento de boxeo (Sagarra, González y Díaz, 2006), la percepción visual como base de la anticipación en el boxeo (González y Sagarra, 2006b), y la escuela de boxeo como habilidad para desarrollar la agudeza visual dinámica (González, Sagarra y Díaz, 2007).

Por otra parte, se trata la estimación antropométrica de la forma corporal de atletas élites cubanos de deportes olímpicos de combate (Betancourt, Aréchiga y Carvajal, 2009). Otro tema medular ha sido el que concierne a la organización de una clase o sesión de entrenamiento, concretamente una propuesta de los modos, tipos, formas y aspectos de la clase y unidad de entrenamiento en el boxeo (Domínguez, 2003), las capacidades físicas se han tratado en dos estudios relacionados al método empleado para el desarrollo de la resistencia en boxeadores tailandeses para Atenas 2004 (Fontanills, 2005) y la preparación física adaptada al boxeo (Alavedra, 1981). La teoría general incluye al conjunto de referencias que abordan de forma genérica los aspectos generales y formales del entrenamiento en el boxeo, principios, concepción general, enfoques, etc. (González Mares, 1978; Oates, Arconada y Ranard, 1990; Degtiariov, 1983; Rodríguez, 1984, 1987, 2002).

De las dos referencias encontradas asociadas a la ética en el boxeo solo una trata la dimensión ética en el boxeo (Díez, 1992), pues la segunda es una polémica filosófica sobre la figura de Platón, pero en su título emplea la frase *argumentos como guantes* (Roskam, 2008). Por otro lado, las lesiones son analizadas en un texto en el cual se desarrollan todas las prácticas clínicas sobre asistencia y prevención de lesiones en el boxeo (Minkoff, Cavaliere y Simonson, 1999). Una referencia encontrada analiza la recuperación, y es desarrollado en un estudio de los boxeadores tailandeses durante su preparación (Fontanills, 2003). También el *doping* en el boxeo ha suscitado interés entre los autores, por ejemplo, a través del diseño de un sistema de superación a partir del conocimiento acerca del *doping* que poseen los atletas y entrenadores de la categoría juvenil en la Escuela de Iniciación Deportiva Escolar (EIDE) Provincial "Lino Salabarría" de Sancti Spíritus en Cuba (Chirino, 2003). Y finalmente, la intensidad de las cargas ha sido analizada en un estudio en el que se detalla la tendencia de la intensidad de las cargas en la etapa final de la preparación del equipo nacional de boxeo tailandés que participó en los juegos olímpicos de Sydney (Fontanills, 2004).

Dos estudios de un aprendiz de boxeador titulados: *"entre cuerdas"* y *"la calle y el ring"* (Wacquant, 2004) han sido tratados como temas etnográficos en el boxeo. Por último, la nutrición cierra el conjunto de los llamados temas medulares del boxeo, el cual recoge los hábitos alimenticios y composición corporal de deportistas españoles de élite pertenecientes a disciplinas de combate (Ubeda y col., 2010).

Destacar que el resto de referencias y temas resultantes de la búsqueda realizada tratan tres grandes grupos de temas: historia, periodismo y artes marciales. Estos estudios recrean a) pasajes históricos y biografías de grandes boxeadores (Valdillo, 1980-1981; Barbero, 1989; Rodríguez, 1989; Camus, 1990; Salgado, 1978; Armañanzas y Sánchez, 2009); b) ensayos periodísticos, entrevistas, críticas de películas relacionadas con el boxeo (Sánchez y Armañanzas, 2009; Merida, 1995; Gracia, 2001; Auping, 2002; Wacquant, 2005; Vázquez, 2005; Toro, 2006; González, 2006) y; c) la introducción a modos de combates provenientes de las llamadas artes marciales (Rossell, 1986; Juni, 1988; Kuo, 1999; Cesaris, 2000; Cai, 2006; Webb, 2007; Pórtela y McKenna, 2008).

La base de datos *e-Revistas* es una plataforma digital donde se recogen, seleccionan y alojan las revistas científicas electrónicas españolas y latinoamericanas existentes o de nueva creación que cumplan requisitos de calidad rigurosos. La misma cuenta con un total de 502 revistas y más de 116.881 artículos. En la consulta realizada no se han obtenido resultados en torno al boxeo.

La base de datos *PEDro* contiene más de 16.500 referencias y en ella solo se han encontrado dos referencias. En ambas referencias la temática no tiene ninguna relación con el boxeo, puesto que un estudio describía el efecto fisiológico que el *Tai Chi* ejerce sobre la tensión arterial (Mao y Sha, 2006), y otro estudio, analiza el efecto del ejercicio aeróbico y las personas anciana (Bakken y col., 2001). Estos estudios están relacionados esencialmente con temas fisiológicos que se alejan de nuestra perspectiva de estudio.

Otra de las bases de datos consultadas ha sido *Ovid-Psycinfo,* la cual ofrece a las comunidades médicas, científicas, y académicas una amplia gama de contenidos publicados por los editores líderes mundiales con más de 3.000 *ebooks*, incluyendo 60 colecciones de libros, las colecciones de archivos de materias críticas, históricas, colecciones de editor, colecciones tópicas, más de 1.200 diarios, más de 50 colecciones de diarios, incluyendo colecciones de archivos y más de 100 bases de datos bibliográficas y textos completos. La búsqueda en esta base de datos ha arrojado como resultado 210 referencias a partir de la palabra clave *boxing*. Las referencias estuvieron publicadas fundamentalmente entre los años 2000-2009, con un 58,5 %, y entre los años 1990-1999, con un 26 % del total (ver Tabla 2.4).

Tabla 2.4. Resultados obtenidos de la búsqueda en la base de datos Ovid-Psycinfo con la palabra Boxing. Con la palabra clave Boxeo la base de datos no ha arrojado ningún resultado

Palabras clave	Base de datos	Total de referencias	Año	Referencias por año	%
Boxing	Ovid-Psycinfo	210	1940-1949	2	1
			1950-1959	1	0,5
			1960-1969	3	1
			1970-1979	4	2
			1980-1989	12	6
			1990-1999	55	26
			2000-2009	123	58,5
			2010	10	5

La mayoría de las referencias encontradas abordan, predominantemente, temas de medicina y lesiones con un total de 137 y 52 referencias, lo que representan el 66 % y 24,7 % respectivamente. También aparece un número de temáticas concretas relacionadas con el boxeo de rendimiento como son: biomecánica, capacidades físicas, ética, teoría general, nutrición y recuperación. Algunos de estos artículos ya han aparecido en las bases de datos anteriormente analizadas como *Dialnet*.

En el análisis detallado de las temáticas más específicas del boxeo de rendimiento hemos encontrado un estudio biomecánico, el cual aborda un análisis de cinemática de movimiento de extremidades superiores en el boxeo (Firnerman, 1987). Las capacidades físicas son analizadas en media docena de referencias que tratan de forma independiente los métodos para el desarrollo de la fuerza y la resistencia en el boxeo aficionado (Filimonov, Koptsev, Husyanov y Nazarov, 1985; Cordes, 1991; Matthews y Comfort, 2008).

Tabla 2.5. Resultados obtenidos en función de los temas.

Temas	Referencias	%
Biomecánica	1	0,5
Capacidades físicas	6	3
Medicina	137	66
Lesiones	52	24,7
Ética	2	1
Historia	1	0,5
Periodismo	2	1
Teoría general	1	0,5
Nutrición	3	1,4
Recuperación	1	0,5
Promoción (game)	1	0,5
Sociología	3	1,4

Por su parte, dos estudios analizan el tema de la ética en el boxeo (Herrera y Leclers, 2000; Cowie, 2000). Una referencia aborda la teoría general referente a los cinco aspectos del entrenamiento de boxeo (Landis, 1984). La nutrición también ha estado presente entre los resultados obtenidos con tres referencias que analizan la nutrición científica y principios de acondicionamiento para boxeo: un estudio de caso (Shilstone, 1986), el empleo de suplementos dietéticos en atletas olímpicos (Huang, Johnson y Pipe, 2006) y la nutrición y el coste metabólico (O'Driscoll y col., 1999). Por otra parte, la recuperación se trata en un estudio que analiza los efectos del masaje sobre la restauración fisiológica, recuperación percibida y el rendimiento deportivo (Hemmings, Smith, Graydon y Dyson, 2000). La mayoría de las referencias que tratan temas médicos como las lesiones analizan fundamentalmente contenidos y afecciones neurológicos, craneoencefálicos y oculares (Constantoyannis y Partheni, 2004; McCrory, 2007; Heilbronner, 2009; Baird y col., 2010; Hidehiko, Saito, Sakagami, Ohtsuki y Tanjoh, 2010).

TESEO es una base de datos que contiene la información de las tesis doctorales leídas en las universidades españolas desde el año 1976. La misma abarca la producción científica de cientos de miles de investigaciones en diferentes campos de conocimiento. Es importante destacar que no se ha obtenido ningún resultado relacionado con el boxeo en la consulta realizada en esta base de datos.

A pesar de esta ausencia de tesis en esta base de datos el investigador ha tenido acceso a cuatro tesis doctorales que en torno al boxeo se han desarrollado. Tratan sobre el periodo directo de competición, en el boxeo cubano, un método moderno de planificación del entrenamiento deportivo (Sagarra, 1991), sobre metodología para el perfeccionamiento del arbitraje del boxeo olímpico (Guardo, 1998), las pruebas especificas para el control de parámetros fisco-motores del rendimiento en boxeadores de alta calificación (Díaz, 1999) y el supra ciclo bienal de la planificación del entrenamiento deportivo para los campeonatos mundiales juveniles en el boxeo cubano (Roque, 2004). También se han consultado otras tesis en el ámbito del deporte que, aunque no tienen que ver directamente con el boxeo, implementan un tipo de metodología que consideramos pertinente para aproximarse a la comprensión de la acción de juego en cualquier deporte. Nos estamos refiriendo a tesis defendidas que han centrado su objeto de estudio, a partir de la observación sistematizada, en: comparativa entre el fútbol, hockey sobre patines y voleibol (Hernández Mendo, 1996), fútbol de rendimiento (Perea, 2008; Castellano, 2000), fútbol a 7 (Ardá, 1998), tenis de individuales (Gorospe, 1999) y dobles (Garay, 2003), pelota vasca (Usabiaga, 2005), Voleibol (Aragundi, 2006 y Cayero, 2008) o baloncesto (Sautu, 2010). En todos estos estudios se han configurado instrumentos observacionales *ad hoc*, incidiendo en aspectos claves de la lógica interna (Parlebas, 2001) del deporte en cuestión, que más tarde abordaremos con más detalle.

La base de datos *MEDLINE* cubre los campos de medicina, enfermería, odontología, medicina veterinaria, sistema de asistencia médica y ciencias preclínicas. Por su parte, contiene citas bibliográficas y resúmenes de autor de más de 4.000 diarios biomédicos publicados en los Estados Unidos y 70 de otros países, con más de 11 millones de citas que se remontan desde mediados de los años 1960.

La búsqueda en esta base de datos ha dado como resultado 57 referencias a partir de la palabra clave *boxing performance*. Dichas referencias se publicaron fundamentalmente entre los años 2000-2009 con un 53 % y entre los años 1990-1999 con un 28 % del total de referencias (ver Tabla 2.6).

Tabla 2.6. Resultados obtenidos de la búsqueda en la base de datos MEDLINE con la palabra Boxing performance.

Palabras clave	Base de datos	Total de referencias	Año	Referencias por año	%
Boxing Performance	MEDLINE	57	1970-1979	2	3
			1980-1989	5	9
			1990-1999	16	28
			2000-2009	30	53
			2010	4	7

Las referencias encontradas en la base de datos *MEDLINE* abordan, predominantemente, temas vinculados a la medicina y la fisiología con un total de 16 y 9 referencias respectivamente. Los temas relacionados con las lesiones y las funciones cognitivas abarcan un total de 6 y 5 referencias respectivamente. Es importante destacar que en *MEDLINE* se han encontrado temas específicos como son los estilos de boxeo, los modelos de acción, las habilidades motoras, las capacidades físicas y el peso corporal en este deporte, así como referencias que analiza desde distintas ópticas las variables fundamentales del rendimiento en el boxeo. Seguidamente se ofrece de forma resumida la relación de referencias encontradas en función de los temas (ver Tabla 2.7).

Tabla 2.7. Resultados obtenidos en función de los temas.

Temas	Referencias	%
Medicina	16	28
Lesiones	6	11
Fisiología	9	16
Morfología	2	3
Peso corporal	4	7
Nutrición	3	6
Variables de rendimiento	4	7
Habilidades motoras	1	2
Capacidades físicas	3	6
Función cognitiva	5	9
Modelos de acción	2	3
Estilos de boxeo	1	2
Muay Thai	1	2

Entrando en el análisis pormenorizado de las temáticas específicas del boxeo de rendimiento hemos encontrado un estudio sobre estilos de boxeo, en el cual se analizan los efectos de preferencia de la mano derecha o izquierda sobre el éxito de los boxeadores en Turquía (Gursoy, 2008), el tema de los modelos de acción, que han sido tratados en dos estudios, los cuales son un método de detección de contacto de multi-rejilla (He, Dong y Zhou, 2007) y las bifurcaciones *affordance* controladas de modelos de acción en artes marciales (Hristovski, Davids y Araújo, 2006).

Las temáticas relacionadas con las habilidades motoras se han tratado en el estudio que analiza el impacto de los procesadores y reguladores cognoscitivos sobre las capacidades específicas motoras en los boxeadores (Katić, Blazević y Zagorac, 2006). En relación al tema de las capacidades físicas, tres estudios abordaron la caracterización de la habilidad motora basada en el modelo musculo esquelético (Murai, Yamane y Nakamura, 2009), la informática bajo los niveles incrementales de cargas físicas (Mouelhi y col., 2006), y, finalmente, el desarrollo de un dinamómetro de boxeo y la evaluación de la fuerza física (Smith, Dyson, Hale, Harrison y McManus, 2000).

Continuando con este análisis se han encontrado estudios relacionados con la temática peso corporal (Saarni, Rissanen, Sarna, Koskenvuo y Kaprio 2006), los efectos de pérdida de peso rápida sobre el humor y el rendimiento en boxeadores aficionados (Hall y Lane, 2001), los efectos de la pérdida rápida de peso en relación con el cumplimiento de las tarea relacionada con el boxeo (Smith, Dyson, Hale, Harrison y McManus, 2000), y también, los efectos de las dietas de reducción de peso rápida sobre el metabolismo de las proteínas y el rendimiento físico (Morita, Igawa, Takahashi, Tomida y Hirota, 1991).

Por último, y relacionado con las temáticas más concretas en torno al boxeo de rendimiento, se han hallado cuatro estudios relacionados con las variables de rendimiento: la especificación de variables proféticas de victorias en el deporte de boxeo (Warnick y Warnick, 2007 y 2009), la influencia de la motivación de los tutores en el rendimiento del boxeo francés (Legrain, D'Arripe-Longueville y Gernigon, 2003) y la relaciones entre rendimiento de logros y la autoeficacia en el boxeo aficionado (Lane, 2002).

El resto de temáticas consultadas en *MEDLINE* tenían un carácter más general y distante de nuestro objeto de investigación, analizaban fundamentalmente aspectos médicos, fisiológicos, sobre lesiones, nutrición, morfología, función cognitiva y el Muay Thai como arte marcial.

Otra de las bases de datos consultada ha sido *ISI Web of Knowledge* la cual es una plataforma integrada que ofrece a todos los profesionales de la investigación científica y académica adquirir y administrar información sobre investigaciones de diversas disciplinas, presentan más de 22 millones de patentes desde 1963 hasta la fecha, cerca de 7.460 publicaciones periódicas internacionales de investigación, así como 2.000 libros y documentos.

La búsqueda en esta nueva base de datos ha ofrecido como resultado final 147 referencias a partir de la palabra clave *boxing performance*. Estas referencias se publicaron fundamentalmente entre los años 2000-2009 con un 80,2 % y entre los años 1990-1999 con un 15 % del total de referencias (ver Tabla 2.8).

Tabla 2.8. Resultados obtenidos de la búsqueda en la base de datos *ISI Web of Knowledge* con la palabra Boxing.

Palabras clave	Base de datos	Total de referencias	Año	Referencias por año	%
Boxing	Web of Knowledge	147	1980-1989	2	1,4
			1990-1999	22	15
			2000-2009	118	80,2
			2010	5	3,4

En relación a las referencias encontradas hemos podido constatar que éstas abordan, fundamentalmente, temas vinculados a distintos registros de patentes, medicina y fisiología, con un total de 70, 18 y 12 referencias, y que representan un 48 %, 12,2 % y 8,2 % respectivamente. Igualmente hemos encontrado una elevada coincidencia en la aparición de estudios analizados en anteriores bases de datos relacionada con temas específicos como son los estilos de boxeo, modelos de acción, habilidades motoras, capacidades físicas, el peso corporal en este deporte, y referencias que analizaron las variables predictoras del rendimiento en el boxeo. Seguidamente se expone de forma resumida la relación de referencias encontradas por temas (ver Tabla 2.9).

Tabla 2.9. Resultados obtenidos en función de los temas.

Temas	Referencias	%
Patentes variadas	70	48
Nutrición	6	4
Capacidades físicas	6	4
Medicina	18	12,2
Lesiones	2	1,4
Periodismo	7	4,8
Promoción (game)	7	4,8
Peso corporal	3	2
Estilo de Boxeo	1	1
Fisiología	12	8,2
Variables de rendimiento	8	5,4
Modelos de acción	1	1
Habilidades motoras	1	1
Teoría general	3	2
Psicología	1	1
Kick boxing	1	1

Entrando en el análisis detallado de las temáticas más especificas relacionadas con el deporte objeto de estudio de nuestra investigación, encontramos nuevamente el realizado sobre los efectos de preferencia de la mano derecha o izquierda sobre el éxito de boxeadores en Turquía (Gursoy, 2008). En relación al tema del peso corporal, los estudios sobre la fabricación del peso: un estudio de caso de boxeo profesional (Morton, Robertson y Sutton, 2010), y los ya revisados de los efectos de pérdida de peso rápida sobre el humor y el rendimiento en boxeadores aficionados (Hall y Lane, 2001) y los efectos de la pérdida rápida de peso en relación con el cumplimiento de las tarea relacionada con el boxeo (Smith, Dyson, Hale, Harrison y McManus, 2000); en relación a los modelos de acción se ha encontrado un estudio del boxeo de rejilla para la optimización del funcionamiento de simulación espacial (Hawick, James y Scogings, 2006).

Las habilidades motoras como tema aparecen referidas en el estudio en el que se analiza el impacto de los procesadores y reguladores cognoscitivos sobre las capacidades específicas motoras en los boxeadores (Katić, Blazević y Zagorac, 2006). Las capacidades físicas por su parte abordan la evaluación de la fuerza en el apretón de la mano en boxeadores mexicanos (García, Harasymowicz y Viramontes, 2010), pruebas de salud motora en karate (Sterkowicz y Franchini, 2009), la fuerza y el condicionamiento para atletas de Muay tailandeses (Turner, 2009) y la prolongación persistente del tiempo de reacción simple ante una conmoción cerebral deportiva (Warden, Bleiberg y Cameron, 2001). El resto de referencias ya han sido analizadas en la anterior base de datos (Mouelhi y col., 2006; Smith, Dyson, Hale, Harrison y McManus, 2000).

Por otra parte encontramos un conjunto de estudios asociados a las variables predictoras del rendimiento en el boxeo. Tratan la relación entre calentamiento con masaje antes de la competición y el resultado de la lucha en los boxeadores (Beyleroglu y col., 2009), la inteligencia emocional, el humor y el funcionamiento óptimo y disfuncional (Lane y Lane, 2008), sensores que supervisan el funcionamiento de disposición para boxeadores (Barrett, 1999), junto con otra serie de estudios ya analizados (Warnick y Warnick, 2007-2009; Legrain, D'Arripe-Longueville y Gernigon, 2003; Lane, 2002).

El resto de temas que hemos consultado en la *Web of Knowledge*, dado el contenido de estas referencias, escapan a nuestro objeto de investigación ya que analizan temas médicos, lesiones y aspectos fisiológicos generales bajo la influencia del entrenamiento. Otra temática con una presencia cuantitativa importante ha sido el conjunto de registros de patentes variadas que tratan aspectos eléctricos de componentes informáticos, diseños de juegos, registros de marcas, etc., motivo por el cual no son detalladas en este análisis.

La base de datos *SportsDiscus* es sin duda una de las más importantes fuentes de recopilación de información de estudios de numerosos campos del conocimiento. La misma ofrece 700.000 referencias deportivas en 60 idiomas, además de la posibilidad de búsqueda específica de información práctica sobre investigaciones realizadas. Los resultados que se han obtenido al introducir las palabras clave boxeo (45) y *boxing* (8.836) han sido un total de 8.881 referencias. Por lo tanto, en este caso y dado el número tan elevado de artículos y estudios que tratan temas periodísticos e históricos, se ha especificado aun más la búsqueda, incorporando la palabra clave *performance.* A partir de estas nuevas palabras clave de búsqueda se han obtenido únicamente 60 referencias. El total de referencias obtenido se localiza fundamentalmente entre los años 1990-1999 y 2000-2009 con un 33 % en cada caso (ver Tabla 2.10).

Tabla 2.10. Resultados obtenidos de la búsqueda en la base de datos *SportsDiscus* con la palabra Boxeo y *Boxing performance.*

Palabras claves	Base de datos	Tipo de referencias	Año	Referencias	%
Boxeo Boxing performance	SportsDiscus	45 15	1940-1949	1	2
			1950-1959	0	0
			1960-1969	1	2
			1970-1979	3	5
			1980-1989	14	23
			1990-1999	20	33
			2000-2009	20	33
			2010	1	2

Dentro de las temáticas encontradas y que tratan aspectos medulares del boxeo se encuentran la biomecánica, capacidades físicas, percepción visual, medicina, lesiones, teoría general, sociología, reglamento, control del entrenamiento, masaje y nutrición (ver Tabla 2.11). Los temas asociados al periodismo y la historia ocupan un papel importante en términos cuantitativos, con un 25 % y 10 % del total respectivamente. Pero, en términos cualitativos, presentan poca trascendencia en tanto se resumen a crónicas, comentarios de peleas y entrevistas, así como biografías y pasajes históricos.

Al detallar los resultados obtenidos en la búsqueda realizada podemos encontrar un estudio biomecánico sobre las coordinaciones posturo-cinéticas asociadas con movimientos que dan patadas en el boxeo francés:

comparación entre principiantes y expertos (Beraud y Gahery, 1998); las capacidades físicas han sido abordadas desde la preparación física del boxeador (Serra, 1989), la descripción de métodos para el desarrollo de la condición física (Rodríguez, Prieto y González, 2008), la preparación especializada en boxeadores escolares (González, 2001), el funcionamiento del boxeo mejorado por la educación de la fuerza (Fitzmaurice, 1982), experiencias de un entrenador de boxeo cubano en Tailandia (Fontanills, 2002) o la percepción visual ha sido tratada en dos estudios que anteriormente han sido encontrados en la base de datos de *Dialnet* por González y Sagarra (2006a) y Sagarra, González y Díaz (2007).

Por su parte, la temática médica ha sido desarrollada en ocho estudios en los que se analizan los efectos fisiológicos de la deshidratación en boxeadores (Smith, Dyson, Hale, Harrison y McManus, 1996), los resultados del ecocardiograma en atletas de boxeo (Acosta, 1987), la influencia del bicarbonato de sodio en el rendimiento de boxeadores (Siegler y Hirscher, 2010), los factores fisiológicos en el rendimiento de boxeadores de peso medio (Guidetti, Musulin y Baldari, 2002) o la morfofuncionalidad de los aspectos del sistema visual en boxeadores y los resultados de un estudio hecho entre boxeadores en la región del Piamonte, Italia (Vadala, 1995). La temática relacionada con las lesiones se vincula a patologías oculares en boxeadores (Luco, 1984) y fracturas en los metacarpianos (Mirra, 1996).

Sobre el control del entrenamiento se analiza un manual de recomendaciones para la evaluación y orientación especializada del boxeador escolar cubano (González, 2001). El masaje fue abordado desde dos estudios que analizan el efecto fisiológico del mismo en la recuperación y restablecimiento del rendimiento (Hemmings, Smith, Graydon y Dyson, 2000; Smith y Graydon, 1998), las particularidades del sistema de reglas, arbitraje y disciplina deportiva es otro de los temas resultantes de la búsqueda y los mismos son tratados por la federación española de boxeo (1985, 1987 y 2000) y la federación colombiana de boxeo (1994).

Como último aspecto, mencionar los estudios sociológicos que analizan la gestión de la práctica deportiva de la mujer y el hombre en el boxeo (Mennesson, 2004), el boxeo y el proceso de civilización (Sheard, 1997) o el boxeo en la sociedad irlandesa (Cronin, 1997). El tema nutricional se trata por medio de un estudio sobre el impacto del suplemento de creatina en la preparación de los boxeadores (Smith, 1996). El tema entendido como teoría general encierra un conjunto de aspectos básicos del proceso global de trabajo con el boxeo y fundamentalmente es publicado por instituciones federativas e institutos de cultura física en la promoción y difusión del boxeo (Del Valle, 1946; Hoffmann, 1962; Degtiarev, 1983; Rodríguez, 1987; Oates, 1990; federación colombiana de boxeo, 1995; escuela de formación deportiva-COLDEPORTES, 1995), así como un estudio que nos introduce en el boxeo Taiji de la familia Sun (Burroughs, 2009). Seguidamente se ofrece una tabla resumen de los resultados obtenidos en función de los temas según las palabras clave introducidas (ver Tabla 2.11).

Tabla 2.11. Resultados obtenidos en función de los temas que aparecen con la palabra Boxeo y Boxing performance.

Temas	Referencias	%
Biomecánica	1	2
Capacidades físicas	6	10
Percepción visual	2	3
Medicina	9	15
Lesiones	2	3
Historia	15	25
Periodismo	6	10
Teoría general	7	11
Sociología	3	5
Reglamento	4	7
Boxeo Taiji	1	2
Control del entrenamiento	1	2
Masaje	2	3
Nutrición	1	2

2.2. DISCUSIÓN SOBRE LAS INVESTIGACIONES ANALIZADAS Y PAUTAS A SEGUIR

Ha sido interés del investigador desarrollar un apartado en el que se expongan de forma detallada los antecedentes de investigación que relacionados con el boxeo se han desarrollado y que constituyen los precedentes a nuestra aportación. Los resultados obtenidos en las búsquedas realizadas aportan fundamentos imprescindibles que vamos a incluir en nuestra investigación. Han sido tres los aspectos que comentaremos de una manera pormenorizada:

1. La elección de las conductas que configurarán la herramienta de observación.
2. Las técnicas analíticas que incluiremos en su apartado correspondiente y como resultado de la aplicación de la herramienta de observación en la codificación y registro de los eventos boxísticos.
3. La utilización de herramientas de registro que faciliten la ardua labor de observación y registro de los combates de boxeo que estudiaremos.

Lo que respecta a las conductas observables a codificar que los autores han propuesto no se han encontrado referencias en relación a los posicionamientos de los boxeadores en el ring, ni a los tipos de ataques y defensas que habitualmente son empleados en los combates. Algunos textos sí que han hecho referencia a los modos de ejecución de los ataques y las defensas pero de forma genérica e incompleta, en nuestra opinión. Por este motivo, consideramos necesario la elaboración de una herramienta de observación *ad hoc*, donde se contemplen entre otros aspectos, las ubicaciones en el espacio como aspecto condicionante de la gestión técnico-táctica de los boxeadores, en tanto, el área en la que se desarrolla el ejercicio competitivo en el boxeo es limitada a apenas 6,10 metros cuadrados y puede ser muy distinta la situación que experimente un competidor encontrándose en el entorno del centro de ring, y otra muy distinta contra las cuerdas o las esquinas. Otra cuestión que se considera medular como para incluirla en la elaboración de la herramienta estriba en el criterio ofensivo, puesto que este constituye los tipos y modos de ejecución de los ataques de este deporte, que son el único modo de hacer efectiva las puntuaciones en el boxeo. Finalmente, relacionada con el aspecto defensivo, deberíamos incluir aquellas categorías que reflejen la gama de los tipos y modos concretos de ejecución de las defensas que tienen como finalidad la de anular los ataques del oponente. A partir de esta realidad, deberemos diseñar una lente de observación *ad hoc* o andamiaje conductual (Anguera, 2001) que contemple toda la gama de posibles conductas observacionales en el boxeo de rendimiento y que permitan la observación, codificación, y registro de los eventos, y por tanto, de la descripción de las acciones técnico-tácticas del boxeo.

Las técnicas analíticas utilizadas en las referencias consultadas en boxeo centran sus esfuerzos en cuantificar las ocurrencias de los eventos, en ningún caso respetando el orden cronológico de aparición de los mismos. Hemos comentado en un apartado de este capítulo en relación a las tesis doctorales, que en el ámbito de la observación se han aplicado en el deporte estudios que tienen en común haber utilizado durante el registro la medida primaria del *orden* de ocurrencia. En relación a esta ordenación de los acontecimientos, lo que supone un registro cronológico y continuo de las categorías, permite implementar ciertas técnicas analíticas para conocer llas medidas de secuencialidad con lo que se establecen relaciones de dependencia en el flujo de las conductas emitidas por un individuo o más al mismo tiempo. Con este tipo de análisis se busca identificar la probabilidad de transición entre conductas por encima de lo determinado por el azar (Sackett, 1979). Esta probabilidad no implica relaciones lineales directas entre dos eventos seguidos uno del otro en el tiempo. La relación no debe verse desde el punto de vista determinista o predictivo, sino desde el punto de vista probabilístico o estocástico, es decir, el primer evento es simplemente el antecedente y el otro el consecuente, con cierto grado de probabilidad (Hernández-Mendo, 1996). Los diseños secuenciales se resuelven, entre otras técnicas, mediante la *técnica de retardos* (Sackett, 1978 y Anguera, 1992). Esta estrategia permitirá descubrir la existencia de patrones conductuales *"que se suceden con mayor cohesión que el mero azar"* (Anguera, 1990, p. 202). Además, contamos con la ventaja de que el análisis secuencial puede ser aplicado para cualquier situación de investigación donde las acciones categóricas sean medidas en una secuencia ordenada de acciones o de tiempo. Esto deberemos contemplarlo en la herramienta de observación, porque entendemos que es novedosa su aplicación al boxeo. Las técnicas analíticas que han sido utilizadas en los estudios precedentes en el ámbito de la metodología observacional incluyen un amplio repertorio. Además de las referidas a las frecuencias y orden, también se han incorporado otro tipo de estadísticos inferenciales que permiten decir algo más que del 'aquí y ahora'. Nos estamos refiriendo a los análisis de los componentes de varianza y de generalizabilidad. La aplicación de estas técnicas, novedosas también en el ámbito del boxeo, permitirá estimar los modelos que mayor información aportan y en qué medida son generalizables (grado de precisión en la generalización) los resultados.

La necesidad de utilizar aplicaciones informáticas para la codificación y registro de los eventos se convierte en una prioridad llegada la fase de recogida de los datos de los combates a observar. En este sentido, dichos referentes de investigación que fueron consultados y citados en el presente capítulo, han sido orientadores en lo que concierne a las posibilidades de empleo del *Match Visión Studio Premium* (Castellano, Perea, Alday y Hernández-Mendo, 2008). Es de destacar las facilidades que ofrece esta aplicación informática en el registro preciso de los datos observables, y lo adecuado que resulta de cara a la preparación de los sujetos que participan como observadores en la investigación para los análisis relacionados a la calidad, entre otros. Otras consideraciones significativas relacionadas a esta aplicación estriban en tres cuestiones que para el investigador juegan un papel fundamental y son: por una parte, la precisión del momento del registro del dato en tanto puede determinarse en *frames* por segundo; en segundo lugar, la posibilidad que ofrece el *Match Visión Studio Premium* de visualizar las categorías que se deseen una vez terminado el registro y, por último, la comodidad de ejecutar análisis descriptivos de frecuencias, análisis de duraciones de tiempo y tablas de contingencia, que desde la propia aplicación informática luego son exportables a diferentes paquetes estadísticos.

CAPITULO III.
Sistema Observacional para el boxeo (SOBOX)

Este capítulo, está conformado por cuatro apartados que tratan como aspectos fundamentales: el procedimiento, el sistema taxonómico para la codificación del boxeo de rendimiento (con los criterios: posicionamiento en el ring, ofensivo, defensivo y resultado), así como el protocolo final para la observación del SOBOX, en conjunto con los tipos de análisis que se desarrollarán en este estudio.

3.1. PROCEDIMIENTO

En el ámbito de metodología observacional (MO) diversas han sido las herramientas taxonómicas creadas por numerosos investigadores en diferentes deportes a lo largo de los últimos 15 años, como por ejemplo: Hernández-Mendo (1996), Ardá (1998), Gorospe (1999), Castellano (2000), Garay (2003), Usabiaga (2005), Aragundi (2006), Cayero (2008), Perea (2008) y Sautu (2010). Cada uno de los autores han hecho propuestas originales en diversos deportes tantos individuales como colectivos.

Nuestra intención es, tomando como referentes las investigaciones que nos preceden, elaborar un instrumento de observación de las acciones técnico-tácticas en el boxeo de rendimiento. Las principales tipologías de instrumentos de observación son el sistema de categorías y el formato de campo, estos son elaborados *ad hoc* por el investigador y representan una construcción específica en el ámbito observacional.

Los sistemas de categorías son sistemas unidireccionales de unidades de conducta, y cada categoría se articula en torno a dos componentes: núcleo categorial y grado de apertura o plasticidad. El núcleo categorial es el contenido básico o fundamental que da razón de ser a una categoría y que la diferencia de otras; en otros términos, se trata de la esencia que caracteriza a cada categoría, independientemente de cuáles sean las manifestaciones externas del comportamiento o escena estudiados. El grado de apertura o plasticidad de una categoría viene dado por la heterogeneidad aparente de características de ocurrencias que, sin embargo, participan del mismo núcleo categorial y comparten las mismas propiedades abstractas indicadas, es decir, las diferentes manifestaciones perceptibles y, por tanto, externas, de la conducta que conforman un núcleo categorial (Anguera, 1994).

Los formatos de campo garantizan el registro sistemático de varias dimensiones de un evento natural, para lo cual este se divide en criterios o macrocategorías, que se registran a través de su representación en forma de códigos, símbolos, etc., de acuerdo con anotaciones previamente establecidas (Anguera, 1997). Según Anguera y Blanco (2003) su elaboración implica los siguientes pasos:

1. Establecimiento de criterios o ejes del instrumento, fijados en función de los objetivos del estudio (por ejemplo, en actividad física realizada en el patio de una escuela, los posibles criterios serían la ubicación, actividad, inactividad, contacto con objetos, etc.). Es posible que alguno de los criterios se desglose jerárquicamente en otros.
2. Listado de conductas/situaciones (lista no cerrada) correspondientes a cada uno de los criterios, anotadas a partir de la información que proporciona la fase exploratoria del estudio.
3. Asignación de un sistema de codificación decimal a cada una de las conductas/situaciones anotadas que deriven de cada uno de los criterios, lo cuales permite desplegar un sistema jerárquico de orden inferior. En función de la complejidad de caso o rango de molecularidad deseado, se puede tratar de sistemas de doble código, triple, etc.
4. Elaboración de la lista de configuraciones. La configuración es la unidad básica en el registro de formatos de campo, y consiste en el encadenado de códigos correspondientes a conductas simultáneas o concurrentes, permitiendo un registro exhaustivo del flujo de conducta y una enorme facilidad para posteriores análisis de datos.

Las configuraciones se rigen por los criterios sincrónico y diacrónico. Sincrónico, porque todos los códigos de cada configuración corresponden a conductas simultaneas-una de cada criterio-, de forma que, al modificarse uno o más códigos de una configuración, ello da lugar a la siguiente. El criterio diacrónico se apoya, precisamente, en esa sucesión de configuraciones (Ardá y Casal, 2003).

Tanto los formatos de campo como los sistemas de categorías, por separado, suponen de hecho herramientas de observación, aunque al realizar la combinación de ambas se obtiene una complementación de sus respectivas características.

Con relativa frecuencia es recomendable anidar uno o más sistemas de categorías en uno o más de los criterios de los formatos de campo, respectivamente, de manera que la relación conducta/situaciones que corresponden a este (estos) criterio (s) sería (n) las categorías que conforman el sistema y, por tanto, son exhaustiva y mutuamente excluyentes a nivel intracriterio del formato de campo.

Con ello se logra mantener la mayor flexibilidad de los formatos de campo a la vez que, siempre que el objeto estudiado y/o la situación lo recomiendan, se incorporan unas categorías rígidas como desarrollo del criterio que lo precise, en muchos casos por exigencias del reglamento del respectivo deporte (Anguera y Blanco, 2003).

Existe una cierta diferenciación según qué proceso de categorización se desarrolle en una investigación con un substrato teórico, o bien, a partir de una evidencia empírica de la que solo existe una constancia descriptiva (Hernández-Mendo, 1996). Este proceso de elaboración de un sistema de codificación lo podemos llevar a cabo de dos maneras, proceso inductivo y proceso deductivo para el establecimiento de las categorías.

En investigaciones de carácter deductivo, las unidades de observación nunca serán ateóricas por principio y los términos conceptuales que se sitúan en la estructura formal de la teoría en la que el estudio se apoya, sea individualmente o agrupados, dará lugar al contenido que deberá hallarse bajo la cobertura del sistema de categorías, propuesto inicialmente como primer borrador provisional y optimizado en sucesivas revisiones y comprobaciones (Anguera, 1988).

Debido a que no hay un marco teórico estructurado en nuestra investigación, la herramienta observacional será de carácter inductivo. Tal y como afirma Anguera (1990), en investigaciones de carácter inductivo, al carecer de marco conceptual de referencia, al menos directo, es la mera transcripción de los hechos, a través del nivel descriptivo (a partir de las de conducta), preferiblemente con un número de orden que actúa de indicador para diferenciar las sucesivas de las simultaneas (perteneciendo generalmente a diferentes niveles de respuestas).

3.2. SISTEMA TAXONÓMICO PARA LA OBSERVACIÓN DEL BOXEO (SOBOX)

Respecto al andamiaje de las acciones técnico-tácticas en el boxeo de rendimiento **SOBOX**, es una herramienta de observación creada dentro del marco de la metodología observacional, en el cual, las categorías de cada uno de los criterios configurados son exhaustivas y mútuamente excluyentes (EME). Para cada categoría del sistema se ha definido el núcleo categorial y grado de apertura, lo que permitirá conocer con detalle a qué acciones técnico-tácticas o posicionamientos del boxeo corresponden. En las siguientes líneas se hará una breve descripción de las mismas.

La estructura de la herramienta taxonómica mantiene la combinación de los formatos de campo (constituida por cuatro criterios) y sistemas de categorías. Para cada uno de estos criterios se conforma un sistema de categorías. Dado que una de las condiciones del sistema de categorías es la mutua exclusividad, se deriva la necesidad de que sea unidimensional, evitando que pueda producirse un solapamiento entre diversas categorías, siendo este un sistema de categorías donde cada uno de los criterios respetará para los códigos que la componen el axioma EME.

Los aspectos que a continuación se desarrollarán constituyen los criterios con los cuales pretendemos delimitar la observación de la acción o acciones que pretendemos evaluar dentro de la dimensión técnico-táctica; para materializar esta evaluación corresponde determinar el sistema de categorías de cada criterio referido.

- **Criterio 1: *posicionamiento en el ring***
- **Criterio 2: *ofensivo***
- **Criterio 3: *defensivo***
- **Criterio 4: *resultado***

3.2.1. Sistema de categorías del criterio *Posicionamiento en el ring*

El criterio *Posicionamiento en el ring* hace referencia a la descripción de la ubicación en la que permanece el sujeto desplazándose en los tres espacios fundamentales del ring durante la realización de cualquier acción técnico-táctica del boxeo. El criterio *Posicionamiento en el ring*, está constituido por tres categorías (ver Tabla 3.1).

Tabla 3.1. Descripción del sistema de categorías para el Criterio *Posicionamiento en el ring*.

Posicionamiento en el ring	
Categoría	**Descripción**
Z1	Zona del entorno del centro del ring
Z2	Zona del entorno de las cuerdas o esquinas del ring
Z3	Zona contra las cuerdas o esquinas del ring

En el criterio *Posicionamiento en el ring*, se dividirá el espacio en tres zonas de acción fundamentales, que serán diferenciadas teniendo en cuenta los sub-espacios en los que se desarrollan las principales acciones durante la realización de un ejercicio competitivo que son: el entorno del centro del ring (distancia que conforma una circunferencia de un diámetro de 4 metros desde el punto central); el entorno de las cuerdas o esquinas (distancia superior al diámetro de 4 metros desde el punto central del ring y sin que el sujeto observado haga contacto con las cuerdas o esquinas); contra las cuerdas o esquinas (cuando el sujeto observado hace contacto con alguna parte de su cuerpo contra las cuerdas o esquinas).

En el esquema que a continuación ofrecemos quedan identificadas las respectivas zonas anteriormente descritas (ver Figura 3.1).

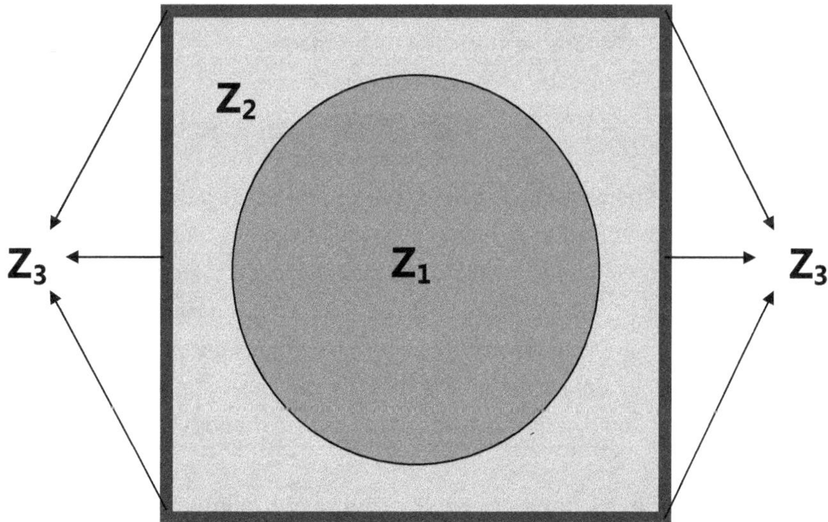

Figura 3.1. Subdivisión de las zonas del criterio Posicionamiento en el ring.

3.2.2. Sistema de categorías del criterio *Ofensivo*

El criterio *Ofensivo* es el conjunto de movimientos sincronizados de brazos y piernas en la realización de las acciones aisladas o combinadas de golpes rectos, ganchos y cruzados dirigidos tanto a la cabeza como a la región del abdomen con el objetivo de golpear al contrario. Dicho criterio está compuesto por 20 categorías las cuales se pueden apreciar a continuación (ver Tabla 3.2).

Tabla 3.2. Descripción del sistema de categorías para el criterio *Ofensivo.*

	Criterio Ofensivo
Categorías	**Descripción**
	Tipo de ataque
ADS	Ataque directo simple
ADC	Ataque directo compuesto
AC	Ataque combinado
CAR	Contra-ataque de riposta
CAE	Contra-ataque al encuentro
	Distancias de combate
X	Distancia extra-larga de combate
L	Distancia larga de combate
M	Distancia media de combate
C	Distancia corta de combate
K	Distancia cuerpo a cuerpo de combate
	Modos de ejecución de los ataques
R	Golpe recto
G	Golpe gancho
Cr	Golpe cruzado
pR	Combinación de golpes con predominio de golpes rectos
pG	Combinación de golpes con predominio de golpes ganchos
pCr	Combinación de golpes con predominio de golpes cruzados
RG	Combinación de golpes con rectos y ganchos
RCr	Combinación de golpes con rectos y cruzados
GCr	Combinación de golpes con ganchos y cruzados
RCG	Combinación de golpes con rectos, cruzados y ganchos

En cualquiera de los deportes en los que el cumplimiento de la exigencia de la actividad competitiva está determinada por el desempeño táctico, entre los que se encuentra el boxeo, se distinguen dos grupos fundamentales de categorías situacionales: las ofensivas, que contemplan los ataques directos, los contra-ataques y ataques combinados, y las defensivas, que se comportan como las acciones anuladoras de todos los tipos y modos de acción ofensiva (Copello, 2005).

A continuación haremos las precisiones teóricas de los aspectos técnicos: "ataques directos", "contra-ataques", "ataques combinados", y "distancia de combate".

Ataques directos: son aquellas acciones ofensivas que se ejecutan en una misma relación temporal. Entre las diferentes formas de ataque existentes en el boxeo, el ataque directo es la más simple. Los ataques directos se categorizan por la cantidad y las variantes de elementos técnicos que intervengan en la acción ofensiva. Si el gesto es único y se ejecuta en la misma relación temporal, se trata de un ataque directo, con independencia de cualquier otro criterio. Existe una subdivisión de los ataques directos: 1) Simple y Compuesto, que están determinados por el número de golpes que integran estos ataques; 2) Combinación de elementos técnicos que intervienen en la acción ofensiva, con los modos de ejecución de los ataques.

Contra-ataques: son las acciones ofensivas (ataques) que ejecutan a partir de la acción defensiva que se realiza ante cualquier ataque del oponente. Los contra-ataques deben entenderse ante todo como el tránsito inmediato de la defensa a la ofensiva. Dada las condiciones de este tránsito, en una ejecución ideal, la parte final de la estructura de la acción defensiva se funde con el inicio de la acción ofensiva seleccionada para el contra-ataque, combinando su objetivo de anular los efectos del ataque del adversario, con la preparación de las condiciones para la ejecución del golpeo. De ahí que en términos de estructura de la técnica, el contra-ataque sea una acción combinada. La acción de contra-ataque incluye tres elementos bien definidos:

1. El ataque inicial realizado por el adversario.
2. La acción defensiva, dirigida a anular los movimientos que componen el ataque inicial del adversario.
3. Y la acción ofensiva (ataque) escogida como respuesta, con la cual se le da cumplimiento al objetivo de la acción analizada.

Es necesario aclarar que los diferentes golpes fundamentales del boxeo pueden ejecutarse desde una variante de "encuentro", es decir en la que el golpe del practicante se ejecuta simultáneamente a la del oponente. En estos casos, no hay dos fases o momentos separados en el que se defiende y golpea, sino que ambas fases o momentos se sintetizan en un único movimiento. Luego los contra-ataques, según su naturaleza, pueden ser de "riposta" o de "encuentro".

Ataques combinados: *"combinar, es unir elementos diversos para formar un compuesto"* (Mayari, 1974, citado por Copello, 2005, p. 146). Un ataque combinado es la acción de transformar un elemento técnico en otro, a través de complejos enlaces técnico-tácticos, tomando en consideración las posibilidades de acción tanto defensivas como ofensivas del adversario ante el primer ataque directo del que es objeto. Los ataques combinados en el boxeo se estructuran sobre la base de:

1. Dos acciones de ataques directos independientes y sucesivos con una fase de recuperación entre ellas, es decir, dos movimientos de preparación o relaciones temporales entre cada acción.
2. Un ataque directo y un contra-ataque
3. Dos contra-ataques realizados de forma sucesiva.

Distancia de combate: todo el conjunto de acciones técnico-tácticas que dos boxeadores realizan durante un combate de boxeo se ejecutan desde una determinada distancia el uno del otro; entendiéndose dicha distancia justamente, como ese espacio longitudinal que conservan ambos contrincantes en la materialización de cualquier acción del contenido táctico durante el tiempo que dure el ejercicio competitivo. Desde la concepción de la Escuela Cubana de Boxeo, existen 5 distancias de combate: extra-larga, larga, media, corta y cuerpo a cuerpo.

En términos prácticos la determinación de la distancia de combate debe comprenderse de forma personalizada, pues la misma relaciona aspectos variables en función de los individuos que se analicen, como la talla, longitud de los brazos, etc., lo cual determinará que el alcance efectivo del golpeo sea distinto según sea el boxeador que se analiza.

Esta realidad dificulta sobre manera la generalización de una definición referente a los tipos concretos de distancia, anteriormente mencionados, sin que los mismos se emitan a partir de la propia percepción individual del boxeador que fuere. Ello se solventa solicitando al boxeador que ejecute un recto de la mano anterior a la cabeza dando simultáneamente un paso plano adelante con la pierna anterior y, a partir de esa posición mantenida (ver Imagen 3.1), se definen las distancias de combate.

Imagen 3.1. Ejecución de un Recto Anterior a la Cabeza (RAC).

La distancia extra-larga (X), es la longitud superior que describe el brazo extendido del boxeador (el doble o la mitad) que ejecuta la acción de golpeo con el Recto de la Mano Anterior a la Cabeza (RAC).

La distancia larga (L), es la longitud que describe el brazo extendido del boxeador que ejecuta la acción de golpeo con el Recto de la Mano Anterior a la Cabeza (RAC).

La distancia media (M), es la longitud que se encuentra entre el puño y la articulación del codo del brazo extendido del boxeador que ejecuta la acción de golpeo con el Recto de la Mano Anterior a la Cabeza (RAC).

La distancia corta (C), es la longitud hasta la articulación del codo del brazo extendido del boxeador que ejecuta la acción de golpeo con el Recto de la Mano Anterior a la Cabeza (RAC).

La distancia cuerpo a cuerpo (K), es conceptualmente una ausencia de distancia, dado que la misma se adquiere cuando ambos adversarios se encuentran unidos el uno en relación al otro, ya sea por las extremidades superiores, tronco, hombros, cabeza, etc.

El conjunto de modos de ejecución de los ataques (R, G, Cr, pR, pG, pCr, RG, RCr, GCr, RCG), son la forma concreta en que se materializan los tipos de acción ofensivas que se realizan desde una determinada distancia de combate.

El golpe recto (R), corresponde a la realización por parte de uno de los oponentes de la acción técnica de golpeo describiéndose una trayectoria lineal contra su adversario, dirigido tanto a la cabeza como al abdomen.

El golpe de gancho (Gr), corresponde a la realización por parte de uno de los oponentes de una acción técnica de golpeo describiéndose una trayectoria angular en forma de gancho, contra su adversario, dirigido tanto a la cabeza como al abdomen.

El golpe cruzado (Cr), corresponde a la realización por parte de uno de los oponentes de una acción técnica de golpeo describiéndose una trayectoria angular en forma de cruzado, contra su adversario, dirigido tanto a la cabeza como al abdomen.

Dada la importante variedad de posibilidades de combinaciones de modos de acción ofensiva, hemos generado una serie de categoría en la cual se ha forzado la unidimensionalidad para que el criterio sea exhaustivo y mutuamente excluyente, a partir de la clasificación de las combinaciones en función del golpe más frecuentemente empleado (pR, pG, pCr).

Las combinaciones de golpes con predominio de golpes rectos (pR), corresponde a la realización por parte de uno de los oponentes de acciones combinadas ofensivas (de ataque) con predominio (numérico) de acciones de golpeo en forma de rectos contra su adversario, dirigidos tanto a la cabeza como al abdomen.

Las combinaciones de golpes con predominio de golpes de ganchos (pG), corresponde a la realización por parte de uno de los oponentes de acciones combinadas ofensivas (de ataque) con predominio (numérico) de acciones de golpeo en forma de ganchos contra su adversario, dirigidos tanto a la cabeza como al abdomen.

Las combinaciones de golpes con predominio de golpes cruzados (pCr), corresponde a la realización por parte de uno de los oponentes de acciones combinadas ofensivas (de ataque) con predominio (numérico) de acciones de golpeo en forma de cruzados contra su adversario, dirigidos tanto a la cabeza como al abdomen.

Las combinaciones de golpes rectos y ganchos (RG), corresponde a la realización por parte de uno de los oponentes de acciones combinadas con un número igual de golpes en forma de rectos y ganchos, contra su adversario, dirigidos tanto a la cabeza como al abdomen.

Las combinaciones de golpes rectos y cruzados (RCr), corresponde a la realización por parte de uno de los oponentes de acciones combinadas con un número igual de golpes en forma de rectos y cruzados, contra su adversario, dirigidos tanto a la cabeza como al abdomen.

Las combinaciones de golpes ganchos y cruzados (GCr), corresponde a la realización por parte de uno de los oponentes de acciones combinadas con un número igual de golpes en forma de ganchos y cruzados, contra su adversario, dirigidos tanto a la cabeza como al abdomen.

Las combinaciones de golpes rectos, cruzados y ganchos (RCG), corresponde a la realización por parte de uno de los oponentes de acciones combinadas con un número igual de golpes en forma de rectos, cruzados y ganchos, contra su adversario, dirigidos tanto a la cabeza como al abdomen.

3.2.3. Sistema de categorías del criterio *Defensivo*

El criterio *Defensivo* es asumido como el conjunto de movimientos con las manos, brazos, tronco y piernas, que se ejecutan con el objetivo de anular las acciones ofensivas (ataques) del oponente. Este criterio *defensivo* está desglosado en 18 categorías, que se describen en la Tabla 3.3.

Acciones defensivas: las acciones defensivas tienen como objetivo anular las acciones ofensivas (ataques) del oponente. Cuando este hecho se produce a partir de la esquiva, el ejecutante evade la acción ofensiva del oponente; o de afrontamiento, si por el contrario se opone a ésta. Las que a su vez de subdividen atendiendo a la parte del cuerpo con que se realiza y a su modo de ejecución.

Tabla 3.3. Descripción del sistema de categorías para el criterio *Defensivo.*

	Criterio Defensivo
Categoría	**Descripción**
	Tipo de defensa
DA	Defensa de afrontamiento
DE	Defensa de esquiva
	Modo de ejecución de las defensas
xP	Defensa por parada
xD	Defensa por desvió
xTT	Defensa por torsión del tronco
xFT	Defensa por flexión del tronco
xCT	Defensa por circunducción del tronco
PxP	Defensa con las piernas por pasos
PxG	Defensa con las piernas por giros
PxPG	Defensa con las piernas por pasos y giros
pP	Defensa con predominio de paradas
pD	Defensa con predominio de desvíos
pTT	Defensa con predominio de torsión de tronco
pFT	Defensa con predominio de flexión de tronco
pCT	Defensa con predominio de circunducción de tronco
PpP	Defensas de piernas con predominio de pasos
PpG	Defensas de piernas con predominio de giros
PpPG	Defensa de piernas con predominio de pasos y giros

Las acciones defensivas, en general, son más breves y son parte de un sistema de movimientos reducidos con respecto a las acciones ofensivas. Sus características cinemáticas y dinámicas están condicionadas por las características del ataque al que se oponen. Por esta razón puede haber tantas combinaciones defensivas, como formas de ataques ejecutadas.

El conjunto de modos de ejecución de las defensas (xP, xD, xTT, xFT, xCT, PxP, PxG, PxPG, pP, pD, pTT, pFT, pCT, PpP, PpG, PpPG), son la forma concreta en que se materializan los tipos de acción defensivas que se realizan desde una determinada distancia de combate.

La defensa por parada (xP), corresponde a los movimientos defensivos de afrontamiento que tienen como objetivo oponerse a la acción ofensiva del contrario, deteniendo su trayectoria, con las manos o los antebrazos antes que este impacte en cualquiera de las zonas válidas de golpeo.

La defensa por desvío (xD), corresponde a los movimientos defensivos de afrontamiento que tienen como objetivo oponerse a la acción ofensiva del contrario modificando su trayectoria de forma tal que siempre genere un compromiso postural para este, con las manos o los antebrazos antes que este impacte en cualquiera de las zonas validas de golpeo.

La defensa por torsión del tronco (xTT), corresponde a los movimientos defensivos de esquiva (fundamentalmente ante los golpes rectos dirigidos a la cabeza) que tienen como objetivo evadir la trayectoria que describe la acción ofensiva, ejecutada por el contrario, con un movimiento de torsión del tronco al frente.

La defensa por flexión del tronco (xFT), corresponde a los movimientos defensivos de esquiva (fundamentalmente ante los golpes rectos dirigidos a la cabeza) que tienen como objetivo evadir la trayectoria que describe la acción ofensiva ejecutada por el contrario con un movimiento de flexión ventral del tronco.

La defensa por circunducción del tronco (xCT), corresponde a los movimientos defensivos de esquiva (fundamentalmente ante los golpes cruzados dirigidos a la cabeza) que tienen como objetivo evadir la trayectoria que describe la acción ofensiva ejecutada por el contrario con un movimiento de circunducción del tronco.

La defensa de piernas por pasos (PxP), corresponde a los movimientos defensivos de esquiva que tienen como objetivo evadir la trayectoria que describe la acción ofensiva ejecutada por el contrario, con un movimiento de piernas en forma de pasos.

La defensa de piernas por giros (PxG), corresponde a los movimientos defensivos de esquiva que tienen como objetivo evadir la trayectoria que describe la acción ofensiva ejecutada por el contrario, con un movimiento de piernas en forma de giros.

La defensa de piernas por pasos y giros (PxPG), corresponde a los movimientos defensivos de esquiva que tiene como objetivo evadir la trayectoria que describe la acción ofensiva ejecutada por el contrario, con un movimiento de piernas en forma de pasos y giros.

Dada la importante variedad de posibilidades de combinaciones de acción defensivas hemos, nuevamente, generado una serie de categorías en la cuales se ha forzado la unidimensionalidad para que el criterio sea exhaustivo y mutuamente excluyente a partir de la clasificación de las combinaciones en función de la defensa más frecuentemente empleado. En este caso se encuentran las categorías: pP, pD, pTT, pFT, pCT, PpP, PpG, PpPG.

Las combinaciones de defensas con predominio de uno u otro tipo de modo de acción defensiva, corresponde a la realización por parte de uno de los oponentes de acciones combinadas con un idéntico empleo numérico de las defensas empleadas.

3.2.4. Sistema de categorías del criterio *Resultado*

El criterio *Resultado* es entendido como el conjunto de decisiones reglamentarias a través del cual un boxeador puede obtener la victoria en este deporte. Este criterio está desglosado en 9 categorías, las que se precisan en la tabla resumen que a continuación se ofrece (ver Tabla 3.4).

Tabla 3.4. Descripción del sistema de categorías para el criterio *Resultado.*

Criterio Defensivo	
Categoría	**Descripción**
VpP	Victoria por puntos
VpA	Victoria por Abandono
VpD	Victoria por Descalificación
VpW-O	Victoria por "Walk-over"
RSC	Referee Suspende el Combate
RSC-H	Referee Suspende el Combate por golpe a la cabeza
RSC-I	Referee Suspende el Combate por herida
VpKO	Victoria por fuera de combate (Knock-out)
CsD	Combate sin decisión

Victoria por puntos: al final de un combate será declarado ganador el boxeador que haya recibido esta decisión por la mayoría de los jueces. Si ambos boxeadores quedaran lesionados o fueron puestos fuera de combate (knock-out) simultáneamente, no pudiendo continuar el combate, el jurado registrará entonces el número de puntos obtenido por cada boxeador hasta su terminación y el boxeador que tuviera más puntos de ventaja hasta el final real de la pelea será declarado vencedor.

Victoria por abandono: si un boxeador abandona voluntariamente por estar herido o porque un entrenador arroja la toalla sobre la lona, o si el boxeador es incapaz de reanudar el combate tras el descanso entre asaltos, su contrincante debe ser declarado vencedor.

Victoria por descalificación: si un boxeador es descalificado, su adversario será declarado vencedor. Las razones por la que se descalifica a un boxeador se relacionan con la realización de manera abrupta (imposibilitando al oponente continuar el combate) o reiterada en una o varias faltas reglamentarias.

Así mismo, si un boxeador es descalificado antes de iniciar el combate, el oponente será declarado vencedor. En el caso de que un boxeador sea descalificado después de ganar la primera pelea de las preliminares, el oponente que perdió contra este boxeador tiene el derecho de regresar a la competencia sólo en el caso en que la siguiente pelea no haya comenzado. Un boxeador descalificado por comportamiento no ético o indisciplina no tiene derecho a recibir ningún premio, medalla, trofeo, distinción honorífica o promoción relativa a la competencia en la que dicho boxeador haya sido descalificado y su falta de buena conducta debe ser reportada a la comisión disciplinaria.

Victoria por "*Walk over*": cuando un boxeador se presenta perfectamente vestido para boxear y su adversario no se presenta después que su nombre haya sido llamado por el sistema de sonido local, la campana sonará y por un máximo de un minuto que hayan trascurrido, el árbitro declarará al primer boxeador como el ganador por "*Walk over*" o no presentación. El árbitro informará al jurado y entonces llama al boxeador al centro del cuadrilátero y después de que la decisión es anunciada, levanta la mano del boxeador como ganador. No se debe dar medalla al boxeador que no ha combatido por lo menos una vez dentro del periodo total de la competencia.

Victoria por RSC: siglas en inglés de "Referee Stopping Contest" (el árbitro para el combate). Es un término utilizado para poner fin a un combate en el que uno de los púgiles está en inferioridad manifiesta o no está en condiciones de continuar. Si el árbitro considera que un boxeador está en inferioridad manifiesta con respecto a su contrincante o que está recibiendo golpes en exceso, podrá detener el combate y declarar vencedor al oponente.

Victoria por RSC-H: con la sigla añadida H de *"head"* (cabeza en inglés). Si un boxeador no está apto para continuar y no puede regresar al combate después de haber recibido fuertes golpes en la cabeza, el oponente será declarado vencedor por RSCH.

Victoria por RSC-I: si el médico/árbitro considera que un boxeador no está en condiciones de continuar el combate por estar herido a causa de los golpes correctos recibidos o por acciones de otra índole, o que está incapacitado por cualquier otra causa física, se debe detener el combate y declarar vencedor por RSCI al oponente. En caso de que ambos púgiles resulten heridos simultáneamente, será declarado vencedor el que haya obtenido la mayor puntuación en el momento de tomar la decisión. El derecho de tomar una decisión es del árbitro que puede consultar con el jurado médico. Cuando el árbitro solicite que acuda un médico al ring para examinar a un boxeador, únicamente estas dos personas deben estar presentes. No se permite que ninguna otra persona entre en el ring o se sitúe en el borde del mismo.

Victoria por "fuera de combate" (*Knock-out.*): si un boxeador es derribado y es incapaz de reanudar el combate tras un conteo de diez segundos, su oponente debe ser declarado vencedor por knock-out (dejar fuera de combate).

Combate sin decisión: el árbitro puede dar por finalizado un combate antes de transcurrido el tiempo previsto en caso de que se den circunstancias importantes ajenas a la responsabilidad de los boxeadores o al control del árbitro, como desperfectos en el ring, interrupción del suministro eléctrico, condiciones meteorológicas excepcionales, etc. En dichos casos, el combate debe ser declarado "sin decisión" y en el caso de los campeonatos, el jurado debe decidir qué acciones adoptar a continuación.

Es oportuno plantear que en caso de empate al finalizar el combate y dado que en todos los eventos aprobados por AIBA deberá declararse un vencedor en cada categoría de peso. Se procederá en caso de un empate en los puntajes finales: 1) Primero, el boxeador con más puntos del total de todos los puntajes individuales; 2) Segundo, si el total de todos los puntajes individuales es igual, el boxeador sin advertencia o menos advertencias debe ser el ganador; 3) Tercero, en caso de un empate después del procedimiento anterior, se le debe solicitar a los jueces presionar el botón una vez que el boxeador haya ganado. La decisión se hace por la mayoría del panel de los 5 jueces. En estos casos la resolución final del combate se identifica con la decisión de victoria por puntos (VpP).

Para facilitar la observación sistemática de los referidos criterios y de esta forma medir y evaluar la dimensión técnico-táctica, se empleo el programa Match Visión Studio Premium (Castellano, Perea y Alday, 2005). Este software facilita la codificación, registro y análisis de cualquiera de los elementos producidos en un contexto natural o habitual. Incluye, además, un reproductor de video, permitiendo simultanearlo con la herramienta taxonómica. El uso del ratón agiliza el procedimiento y evita cometer errores en la transcripción, además permite realizar una serie de análisis primarios de los datos observados.

3.3. PROTOCOLO FINAL DE OBSERVACIÓN DEL SOBOX

Seguidamente se presentarán una serie de matizaciones necesarias a la hora de asumir el proceso del registro de la información, dado los contextos de interacción tienen una serie de peculiaridades tal y como mostraremos a continuación:

- El registro de cada acción que se observe debe sucederse con la precisión del número del asalto en que sucede; zona del ring en la que se realice; tipo de ataque o defensa que fuese; el modo de ejecución de los ataques y defensas; así como el nivel de complejidad con que se realice.

- Dado que el número de asalto es una categoría fija, solo es necesario marcarla una vez en el registro de la primera acción con que se inicia cada uno de los respectivos asaltos, pues queda marcada permanente mientras dure dicho asalto.

• Para el registro del posicionamiento en el ring de los boxeadores; se tomará en consideración la zona en la que se encuentre el boxeador que realiza la acción observada. Por tanto pudiera darse el caso de que en el registro de una sucesión de acciones, un boxeador se encuentre en una zona del ring y su oponente en otra.

• La zona del ring estará determinada por la ubicación en que se encuentre la pierna más adelantada del boxeador que realiza la acción observada.

• Es necesario precisar que cuando se registre un contra-ataque ya sea de riposta o encuentro, es necesario primeramente marcar la acción defensiva que se realiza y, posteriormente definir el modo de ejecución del contra-ataque.

• Se registrará una acción con predominio de un tipo concreto de ataque o defensa, cuando se observe en una sucesión de acciones que el sujeto observado repite una o más veces la acción que fuese sobre el resto de modos de acciones elegidas.

• Se registrará como acción con un nivel de complejidad "combinada", solo a las que correspondan con las categorías del criterio ofensivo, y siempre seguirán la siguiente estructura: Ataque-Defensa-Ataque o Defensa-Ataque.

• Se registrará siempre la acción que fuese durante la ejecución de la misma por parte del observado y, no cuando el sujeto se prepara o ha terminado de realizar la acción técnico-táctica que fuese.

• El tiempo queda registrado automáticamente por el programa.

• El registro de los combates se realizará con el *software* para la observación y registro deportivo *MOTS* (Castellano, Perea, Alday, & Hernández, 2008), en su versión *MATCH VISION STUDIO PREMIUM* (ver Imagen 3.2).

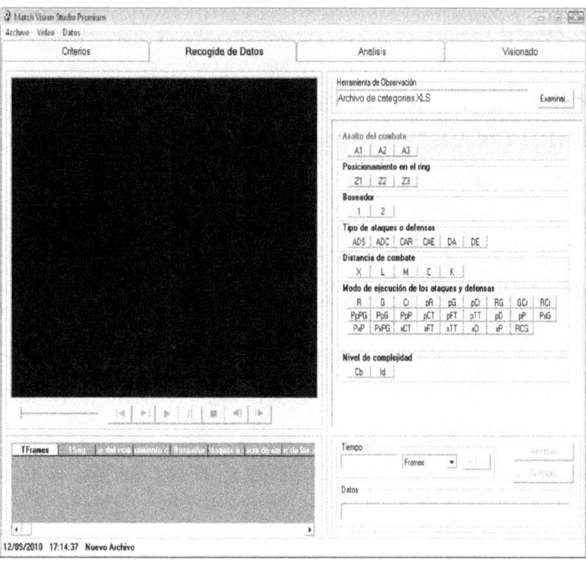

Imagen 3.2. *Software* para la observación y registro deportivo *MOTS* (Castellano, Perea, Alday, & Hernández, 2008), en su versión ***MATCH VISION STUDIO PREMIUM***.

En términos genéricos podemos plantear que el desarrollo del conjunto de posibles acciones registrables con el SOBOX, inequívocamente parten de una acción ofensiva o ataque, la cual desencadena una serie de variantes de acciones interrelacionables a partir de acciones defensivas y acciones de contra-ataques de riposta o contra-ataques de encuentro, como se esquematiza a continuación:

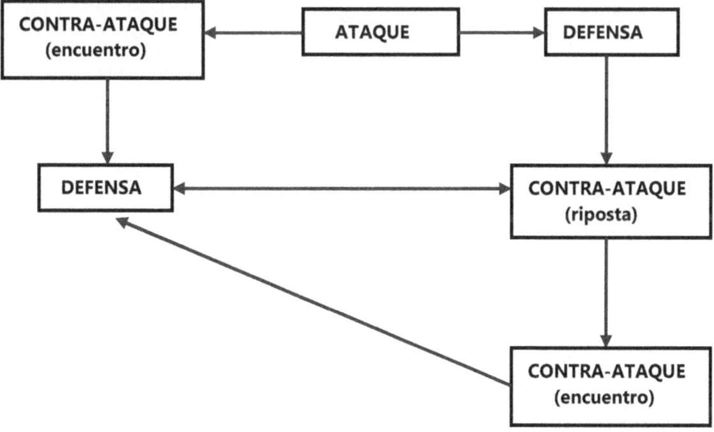

Esquema 3.1. Grafico general del desarrollo de las posibilidades de acción registrables

3.4. TIPOS DE ANÁLISIS

En relación a las técnicas de análisis que deben llevarse a cabo, podemos distinguir dos grandes grupos, por un lado, los estadísticos inferenciales que engloban el análisis de los componentes de varianza y estudios de generalizabilidad donde se infieren propiedades o características de una población a partir de una muestra significativa y, por otro lado, los estadísticos exploratorios que agrupan los análisis descriptivos y secuenciales.

Los análisis de los componentes de varianza y estudios de generalizabilidad nos permiten obtener una adecuada información sobre las facetas (variables) que aportan mayor información respecto a la realidad que queremos estudiar. El objetivo será desglosar como en cualquier tipo de medición, descartar la variabilidad error, y conocer la precisión de generalización al boxeo de rendimiento.

Una vez que disponemos de las facetas que aportan mayor información al modelo, se ha realizado un análisis descriptivo de las variables que integran el sistema taxonómico donde se presentan los datos numéricos de las observaciones realizadas a partir de las frecuencias tanto absolutas como relativas, así como los estilos preferenciales de combate de los boxeadores.

Seguidamente, y continuando con el descriptivo, hemos realizado un análisis secuencial, el cual nos ha permitido detectar si existen configuraciones estables de comportamiento en base al orden de ocurrencia de las conductas por encima de lo determinado por el azar. Este tipo de análisis nos ha permitido proponer un orden de los acontecimientos, las transiciones o encadenamientos que ocurren durante el combate.

CAPITULO IV.
Aplicaciones del SOBOX

El presente capítulo está compuesto por tres apartados donde se detallan los resultados de los análisis de varianza, el análisis descriptivo y el análisis secuencial, a partir de las observaciones registradas. El orden establecido de los análisis no ha sido realizado al azar. Primeramente se ha optado por detectar y ponderar aquellas variables o facetas que mayor información aportaban al modelo configurado. Sobre estas variables se ha desarrollado posteriormente los análisis descriptivos y secuenciales que permiten un acercamiento más pormenorizado a las mismas.

4.1. ANÁLISIS DE VARIANZA

Una vez registradas las 30 sesiones (10 combates para cada uno de los niveles) se ha llevado a cabo un análisis de los componentes de variancia y generalizabilidad para dar respuesta a una serie de interrogantes que mostraremos a continuación. Para ello, se han configurado un diseño de 5 facetas: *combate, nivel, zona, criterio y categoría* [K*N*Z*C*(E:C)], donde la faceta *categoría* está anidada en la faceta *criterio* (E:C). Las facetas y sus niveles quedan recogidos en la Tabla 4.1.

Tabla 4.1. Facetas, código y número de niveles del modelo.

Nº de facetas del modelo	Código	Faceta	N.º niveles
1	N	Nivel	3
2	K	Combate	10
3	Z	Zona	2
4	C	Criterio	5
5	E	Categoría	41

La faceta *niveles* se corresponde con tres grupos de categorías de pesos, la faceta *combates*, con 10 niveles (combates) por cada categoría, la faceta *zona* con dos niveles, la faceta *criterio*, con un total de 5 niveles, y por último, la faceta *categorías* con 41 niveles (anidadas en la faceta *criterio*).

En la Tabla 4.2 se recoge el modelo de cinco facetas K*N*Z*C*(E:C) (*Combate*Nivel*Zona*Criterio*) y los valores obtenidos para un tipo de procedimiento de Modelo General Lineal (GLM), del cual se han seleccionado los del tipo III, ya que los datos no han sido tomados de manera aleatoria. Además, con un análisis de generalizabilidad, se ha estimado el porcentaje de variabilidad de cada una de las facetas y de sus interacciones (% de varianza explicada).

Finalmente, para comprobar si el modelo cumple los requisitos de normalidad, linealidad y homocedasticidad hemos seguido las propuestas de trabajos anteriores (Cayero, 2008 y Zubillaga, 2006) en el ámbito observacional y selectivo (Morales, 2003) respectivamente. Hemos aplicado de manera específica los procedimientos *VARCOMP Tipe1* y *MIXED REML*, con los que hemos podido comprobar, efectivamente, que la varianza error en ambos procedimientos ha sido la misma, por lo que se cumplen los requisitos anteriormente enumerados.

Tabla 4.2 Análisis de los componentes de variancia tipo III en el plan de medida de cinco facetas K*N*Z*C*(E:C) para el conjunto de los 30 combates observados.

Facetas	Combate*Nivel*Zona*Criterio			
	g° de l	**SC tipo III**	**Pr > F**	**% varianza explicada**
Combate [K]	9	29053,50	0,0004	0
Nivel [N]	2	24321,39	<,0001	2
N*K	18	61808,73	0,0004	8
Zona [Z]	1	26543,95	<,0001	5
N*K*Z	18	21565,64	0,0010	9
Criterio [C]	4	96130,44	<,0001	13
Categoría:criterio [E:C]	37	141700,51	0,0003	14
Z*E:C	37	36337,88	0,0013	9
Otros	-	-	-	< 8
N*K*Z*E:C	310	21737,44	0,0177	13
r2 = 0,99	**Pr > F para el modelo <,0031**			

Nota. En la tabla figuran el coeficiente de determinación (r^2), los grados de libertad (g° de l), la suma de cuadrados para los datos tipo III (SC tipo III), el grado de significación (Pr > F) y el % de variabilidad de cada una de las facetas y de sus interacciones.

Como puede verse en la Tabla 4.2 el valor del coeficiente de determinación (r^2) es próximo a la unidad, lo que indica que la combinación de las facetas seleccionadas explica gran parte de la variabilidad del modelo. Destacamos además que el modelo resulta ser significativo (*Pr>F* es <.0031) en su conjunto y, además, todas las facetas como las interacción entre ellas también. Respecto a la variabilidad aportada por cada una de las facetas y sus interacciones, la estimación muestra que el 'peso' está bastante repartido entre ellas. A excepción de la faceta *combate*, que no aporta variabilidad, tanto *nivel, zona, categoría* como *criterio* aportan de manera aislada un tercio de la variabilidad total, aunque gran parte de ella es asumida por las facetas *criterio* y *categoría* (suman 27 puntos). El residual, con 13 puntos, deja algo más de una décima parte del total de la variabilidad sin ser explicada a partir de las cinco facetas tomadas para el estudio.

Por otro lado, se han configurado diferentes planes de medida (colocando las facetas tanto en el apartado de instrumentación como de diferenciación en todas las combinaciones posibles) a los que se les han estimado los diferentes coeficientes de generalizabilidad (absoluto y relativo). Estos valores están recogidos en la Tabla 4.3.

Tabla 4.3 Diferentes planes de medida para el mismo modelo de cinco facetas *N*K*Z*C*(E:C)* y los coeficientes relativos (e^2) y absolutos (Φ).

	Modelo	Coeficientes de generalizabilidad	
		e2	**Φ**
1	KNZC/E	0,98	0,98
2	CEZN/K	0,93	0,93
3	CEZ/KN	0,90	0,88
4	NZC/EK	0,90	0,90
5	KNZ/CE	0,88	0,81
6	C/EKNZ	0,76	0,61
7	CE/KNZ	0,74	0,66
8	CEKZ/N	0,74	0,73
9	Z/KNCE	0,73	0,48
10	CEN/ZK	0,72	0,67
11	NC/EKZ	0,72	0,64
12	NZ/CEK	0,72	0,60
13	CEKN/Z	0,68	0,66
14	KN/ZCE	0,59	0,45
15	CEK/NZ	0,58	0,54
16	N/CEKZ	0,43	0,20
17	ZK/NCE	0,40	0,32
18	K/NZCE	0,01	0,00

Cada plan de medida al que se ha estimado los diferentes coeficientes de generalización responde a una pregunta de investigación particular relacionada con la precisión de generalización de las facetas y sus interacciones. Se han estimado 18 planes de medida considerando las limitaciones que supone el que la faceta *categorías* este anidada en la faceta *criterios*.

El plan de medida *NKZC/E* da respuesta a la pregunta sobre el grado de homogeneidad de las *categorías*. El valor estimado para el coeficiente de generalizabilidad es elevado, próximo a la unidad (0,98). También cuando las *categorías* son relacionas con los *criterios*, en el plan de medida *NZK/EC*, y con los *combates* en *NZC/EK*, estos muestran elevada homogeneidad (0,88 y 0,90 respectivamente). Sin embargo, el plan de medida *NK/ZCE* da respuesta a la pregunta de si la presencia de los *criterios y categorías* en relación a las diferentes *zonas* son generalizables. En este plan de medida sí que están agrupadas todas aquellas facetas que hacen mención directa a la herramienta de observación SOBOX. El valor que supera la media unidad (0,59) indica que los *criterios* tienen su ocurrencia diferenciada, en gran medida, dependiendo de la *zona* del cuadrilátero, es decir, que no todas las *categorías* pertenecientes a los diferentes *criterios* ocurren en la misma *zona*. Este valor a medida que se acerca a cero indica que hay un mayor grado de heterogeneidad de los códigos que configuran la herramienta taxonómica, por tanto, responden a la validez de las categorías al aproximarse a la media unidad.

El plan de medida *CENK/Z* da respuesta a la pregunta de si las dos *zonas* elegidas para dividir el cuadrilátero son representativas del conjunto de subespacios en los que podríamos haber dividido el espacio de lucha. El valor de 0,68 estimado indica que la precisión de generalización no es muy elevada. Por otro lado, cuando la faceta *zonas* es colocada simultáneamente con la faceta *niveles* en el plan de medida CEK/NZ el valor estimado en el coeficiente de generalizabilidad es de 0,58, es un valor moderado que indica que las zonas utilizadas por los diferentes pesos de los boxeadores es diferente, es decir, que presentan un uso diferente del espacio.

El plan de medida *KZCE/N* da respuesta a la pregunta de si el número de *niveles* en los que hemos separado a los boxeadores son suficientes para que los resultados obtenidos sean generalizables al conjunto de los pesos de los boxeadores. El valor de 0,74 obtenido indica que al ser esta precisión de generalización no muy alta refleja ciertas diferencias en la forma de proceder de los boxeadores en relación a su peso. A medida que este valor fuera más próximo a 0 podríamos inferir que la forma de proceder de los boxeadores (por niveles) es más diferente la una de la otra.

El plan de medida *CENZ/K* da respuesta a la pregunta de si los *combates* que han sido observados y analizados presentan un alto nivel en la precisión de la generalización. El valor estimado de 0,93 indica que la muestra de los 30 combates estudiados pueden ser generalizables a la población universo. Encontramos la misma respuesta pero acotado al número de combates por nivel cuando diseñamos el plan de medida *CEZ/KN*. El valor de 0,90, próximo a la unidad también, indica que los combates escogidos (10) para cada uno de los niveles cuentan con una precisión de generalización elevada. Estos resultados podríamos considerarlos para futuras investigaciones, como una primera aproximación de la relación costo-beneficio en relación al esfuerzo-número de combates que podríamos utilizar para lograr una precisión de generalización deseada.

En el plan de medida *Z/CENK*, se considera la faceta *zona* como la faceta a partir de la cual se pretende generalizar el resto (ya que está situada en la parte izquierda de la barra, '/', en el plan de medida). El valor de 0,73 indica que el resto de las facetas situadas en la parte de la instrumentación (*criterio*categoría*nivel*combate*) tiene un alto potencial de generalización a partir de las dos zonas en la que se ha dividido el cuadrilátero. El mismo valor de 0,72 se ha estimado cuando interactúan las facetas *zona* y *nivel* a partir de la que se pretende llevar a cabo la diferenciación.

En el plan de medida *C/ENKZ*, se considera la faceta *criterio* como la faceta a partir de la cual se pretende generalizar el resto. El valor de 0,76 indica que el resto de las facetas situadas en la parte de la instrumentación (*categoría*zona*nivel*combate*) tiene un alto potencial de generalización a partir de los cinco *criterio*s en la que se ha dividido la herramienta taxonómica. El valor de 0,74 en la anidación *categorías:criterio* en el plan de medida *CE/NKZ*, corrobora la misma afirmación anterior respecto al potencial de generalización de la herramienta taxonómica.

El plan de medida *CN/KZE* da respuesta a la pregunta de si las *categorías* que se dan en una determinada *zona* tomadas a estudio respecto al número de *combates* es suficientemente generalizable. El valor de 0,72 obtenido informa que quizás deberíamos incluir nuevos niveles en las facetas *categorías* y *zona* para mejorar la precisión de generalización entre los diferentes *combates*.

El plan de medida *KZ/CEN* da respuesta a la pregunta de si la presencia de las *categorías* de cada uno de los *criterios* en relación a los diferentes *niveles* son generalizables. Nuevamente el valor, a medio camino, de la unidad (0,40) indica que los *criterios* no se reparten de la misma manera entre los diferentes niveles o pesos de los boxeadores. Según esto, las conductas de los boxeadores, agrupadas en los diferentes *criterios*, tienen una ocurrencia diferenciada a partir de los diferentes *niveles* de los boxeadores; en definitiva, que los boxeadores combaten de diferente manera.

El plan de medida *N/KZCE* da respuesta a la pregunta de si las facetas *combate, zona, criterios* y *categorías* son generalizables a partir de la faceta *nivel*. El valor de 0,43 indica que únicamente con ese mismo grado de precisión de generalización, es decir, que los niveles en los que se ha dividido al conjunto de los pesos de los boxeadores muestran unas diferencias muy altas, es decir, son muy distintos unos *niveles* comparados con otros. En definitiva, las cuatro facetas *combates*zonas*criterios*categorías* pueden generalizarse relativamente a partir de los *niveles*.

Por último, el plan de medida *K/ZCEN* responde a la pregunta de si a partir de la faceta *combate* podemos generalizar las *zonas, criterios, categorías* y *niveles* de los boxeadores, o lo que es lo mismo pero dicho de otra manera, si los combates muestran estabilidad. El valor próximo a 0 (0,01) indica que existen diferencias significativas entre los distintos combates. En resumen, las cuatro facetas *zonas*criterios*categorías*niveles* no pueden generalizarse a partir de los *combates*.

A partir de este primer análisis de los componentes de varianza y generalizabilidad e interpretados los diferentes diseños y planes de medida, pasaremos a llevar a cabo los análisis descriptivos, haciendo especial hincapié en las secuencias o patrones que se generan en el ring.

4.2. ANÁLISIS DESCRIPTIVO

4.2.1. Análisis general

En las tablas que a continuación les mostramos (Tabla 4.4, 4.5, 4.6 y 4.7) figuran las frecuencias absolutas de las diversas sesiones de observación realizadas, 30 combates en total, subdivididos en tres grupos de categorías de pesos, los cuales se observaron, codificaron y registraron para llevar a cabo el análisis de los datos.

Diez combates fueron codificados para cada una de las categorías de pesos. El grupo 1 se corresponde con los pesos: 49 kg, 52 kg y 56 kg; el grupo 2 incluye los pesos: 60 kg, 64 kg y 69 kg; y, por último, el grupo 3, reúne a los pesos más pesados: 75 kg, 81 kg, 91 kg y +91 kg.

Los combates observados han sido oficiales, de la categoría senior, con una duración de 3 asaltos de 3 minutos, con un minuto de desanso entre los asaltos y empleando el sistema de votaciones 18-20 (dando el máximo valor numérico al ganador de cada asalto).

Tabla 4.4. Frecuencias absolutas resultantes de la codificación realizada (10 combates) de las categorías observadas del primer grupo de divisiones de pesos.

Categorías	Frec. C1	Frec. C2	Frec. C3	Frec. C4	Frec. C5	Frec. C6	Frec. C7	Frec. C8	Frec. C9	Frec. C10
Z1	49	37	112	17	95	222	190	137	146	166
Z2	51	15	39	3	46	80	47	48	51	48
Z3	0	0	0	0	0	0	0	0	0	0
1	46	37	98	12	83	149	139	106	87	93
2	54	15	53	8	58	153	98	79	110	121
ADS	37	18	23	5	30	101	66	53	102	97
ADC	22	18	75	10	49	51	59	65	20	22
CAR	4	4	11	0	17	36	28	4	9	17
CAE	8	2	1	0	1	9	9	2	8	4
DA	14	1	24	3	17	60	29	44	32	26
DE	15	9	17	2	27	45	46	17	26	48
X	4	4	1	2	8	6	4	3	13	14
L	80	45	130	16	121	227	195	167	164	177
M	14	3	18	2	8	49	32	13	17	20
C	2	0	2	0	4	20	3	2	3	3
K	0	0	0	0	0	0	3	0	0	0
R	36	18	23	4	28	136	102	77	97	105
G	3	1	2	0	0	9	7	3	8	7
Cr	4	5	0	1	3	18	20	11	21	21
pR	12	14	39	3	31	2	15	12	2	1
pG	1	0	2	0	0	4	1	6	0	0
pCr	1	0	2	1	2	0	1	2	1	2
RG	6	0	2	0	0	6	5	3	0	2
GCr	0	0	9	0	3	7	4	4	2	1
RCr	7	0	19	4	19	10	3	3	7	1
PpPG	0	0	0	0	1	0	0	0	0	0
PpG	0	0	0	0	0	0	0	0	0	0
PpP	8	0	0	0	0	0	4	2	0	0
pCT	0	0	0	0	0	0	0	0	0	0
pFT	0	0	0	0	0	0	0	0	0	1
pTT	0	0	0	0	0	0	0	0	0	0
pD	1	0	0	0	0	0	1	0	0	0
pP	6	0	14	1	6	2	3	7	0	0
PxG	0	0	0	0	0	0	0	0	0	0
PxP	0	5	6	1	15	12	15	3	7	7
xCT	2	0	0	0	2	5	3	1	1	3
xFT	5	4	8	1	9	16	24	12	16	34
xTT	0	0	3	0	0	12	0	0	2	4
xD	0	0	1	2	4	26	13	2	10	6
xP	7	1	9	0	7	32	12	34	22	19
RCG	1	4	12	2	11	5	4	3	1	0
Cb	1	11	49	6	51	92	72	24	25	37
Id	99	41	102	14	90	210	165	161	172	177
Totales	**600**	**312**	**906**	**120**	**846**	**1812**	**1422**	**1110**	**1182**	**1284**

Tabla 4.5. Frecuencias absolutas resultantes de la codificación realizada (10 combates) de las categorías observadas del segundo grupo de divisiones de pesos.

Categorías	Frec. C1	Frec. C2	Frec. C3	Frec. C4	Frec. C5	Frec. C6	Frec. C7	Frec. C8	Frec. C9	Frec. C10
Z1	31	63	65	45	155	57	107	34	160	38
Z2	18	13	38	15	74	37	87	17	46	19
Z3	0	0	0	0	0	0	0	0	0	0
1	33	43	65	29	108	60	104	20	124	35
2	16	33	38	31	121	34	90	31	82	22
ADS	25	27	30	27	69	25	72	21	82	26
ADC	10	15	37	10	56	31	48	7	35	11
CAR	4	4	9	3	28	13	18	6	16	4
CAE	2	1	7	7	10	7	3	2	1	2
DA	0	19	4	6	31	8	29	8	33	5
DE	8	10	16	7	35	10	24	7	39	9
X	3	3	9	1	4	0	1	2	1	1
L	35	49	73	48	191	79	149	43	177	50
M	9	24	19	11	26	9	38	6	26	6
C	2	0	2	0	7	2	6	0	2	0
K	0	0	0	0	0	4	0	0	0	0
R	28	24	32	27	111	51	89	21	84	32
G	0	5	4	0	13	3	12	1	10	1
Cr	2	0	4	7	14	7	10	5	13	5
pR	1	4	19	1	5	0	5	2	10	2
pG	0	0	1	0	2	0	0	1	1	0
pCr	0	0	0	3	0	2	0	0	6	1
RG	0	1	2	1	6	3	2	1	1	0
GCr	2	9	8	3	4	3	4	1	1	0
RCr	5	2	7	2	5	3	11	1	3	2
PpPG	0	0	0	0	0	0	0	0	0	0
PpG	0	0	0	1	0	0	1	0	0	0
PpP	0	0	0	0	0	0	2	0	0	0
pCT	0	0	0	1	0	0	0	0	0	0
pFT	0	0	0	0	0	0	0	0	0	0
pTT	0	0	0	0	0	0	0	0	0	0
pD	0	0	0	0	0	0	0	0	0	0
pP	0	7	2	0	1	1	4	0	2	0
PxG	0	0	1	0	0	0	0	0	0	0
PxP	5	5	4	3	14	0	0	2	12	1
xCT	0	0	0	1	0	0	3	1	2	0
xFT	4	5	10	1	14	10	11	4	24	8
xTT	0	0	1	0	6	3	7	0	1	0
xD	0	0	2	5	4	3	10	4	6	5
xP	0	12	0	1	27	4	15	4	25	0
RCG	2	2	6	3	3	1	8	3	5	0
Cb	22	14	49	19	64	40	63	19	39	12
Id	27	62	54	41	165	54	131	32	167	45
Totales	**294**	**456**	**618**	**360**	**1373**	**564**	**1164**	**306**	**1236**	**342**

Tabla 4.6. Frecuencias absolutas resultantes de la codificación realizada (10 combates) de las categorías observadas del tercer grupo de divisiones de pesos.

Categorías	**Frec. C1**	**Frec. C2**	**Frec. C3**	**Frec. C4**	**Frec. C5**	**Frec. C6**	**Frec. C7**	**Frec. C8**	**Frec. C9**	**Frec. C10**
Z1	14	45	27	113	49	62	24	17	36	33
Z2	13	40	5	37	23	5	22	10	19	27
Z3	0	0	0	0	0	0	0	0	0	0
1	16	35	21	92	31	39	30	17	32	40
2	11	50	11	58	41	28	16	10	23	20
ADS	10	37	11	42	31	24	19	14	19	24
ADC	10	22	11	50	18	16	14	3	21	19
CAR	0	8	3	11	3	5	4	2	1	3
CAE	0	3	0	6	4	11	1	4	3	3
DA	3	10	2	15	4	0	4	1	2	0
DE	4	5	5	26	12	11	4	3	9	11
X	3	12	2	9	2	1	1	1	7	4
L	18	63	27	117	64	50	24	20	41	49
M	5	10	2	18	6	15	14	4	7	7
C	1	0	1	5	0	1	1	2	0	0
K	0	0	0	1	0	0	6	0	0	0
R	11	41	11	59	47	37	19	15	39	34
G	0	2	0	0	1	6	5	0	2	0
Cr	0	3	0	12	3	0	7	5	0	7
pR	2	9	2	10	0	3	0	0	0	0
pG	0	1	1	2	0	0	1	0	0	0
pCr	1	1	0	0	0	1	1	1	0	0
RG	0	1	1	0	0	5	0	0	0	2
GCr	0	6	0	0	0	0	5	1	0	1
RCr	3	3	9	25	4	2	0	1	2	3
PpPG	0	0	0	0	0	0	1	0	0	0
PpG	0	0	0	0	0	0	0	0	1	0
PpP	0	0	0	0	0	0	0	0	0	0
pCT	0	0	0	0	0	0	0	0	0	0
pFT	0	0	0	0	0	0	0	0	0	0
pTT	0	0	0	0	0	0	0	0	0	0
pD	0	0	0	0	0	0	0	0	0	0
pP	1	1	2	10	0	0	2	0	0	0
PxG	0	0	0	0	0	0	0	0	0	0
PxP	2	1	2	11	2	1	1	0	3	0
xCT	0	0	0	0	0	0	0	0	0	0
xFT	2	4	2	15	9	7	1	1	4	10
xTT	0	0	1	0	1	3	1	2	2	1
xD	0	2	0	2	4	0	0	0	2	0
xP	2	7	0	3	0	0	2	1	0	0
RCG	3	3	1	1	1	2	0	0	0	2
Cb	7	29	13	27	13	11	23	9	4	14
Id	20	56	19	123	59	56	23	18	51	46
Totales	**162**	**510**	**192**	**900**	**432**	**402**	**276**	**162**	**330**	**360**

Tabla 4.7. Frecuencias absolutas resultantes de la codificación realizada (30 combates) de las categorías observadas de los tres grupos de divisiones de pesos.

Categorías	Grupo 1		Grupo 2		Grupo 3		Totales
	Frec.	%	Frec.	%	Frec.	%	
Z1	1171	50	755	32	420	18	2346
Z2	428	43	364	37	201	20	993
Z3	0	0	0	0	0	0	0
1	850	47	621	34	353	19	1824
2	749	49	498	33	268	18	1515
ADS	532	45	404	35	231	20	1167
ADC	391	47	260	31	184	22	835
CAR	130	47	105	38	40	15	275
CAE	44	37	42	35	34	28	120
DA	250	58	143	33	41	9	434
DE	252	50	165	32	90	18	507
X	59	47	25	20	42	33	126
L	1322	49	894	33	473	18	2689
M	176	40	174	40	88	20	438
C	39	55	21	30	11	15	71
K	3	21	4	29	7	50	14
R	626	43	499	35	313	22	1438
G	40	38	49	47	16	15	105
Cr	104	50	67	32	37	18	208
pR	131	64	49	24	26	12	206
pG	14	58	5	21	5	21	24
pCr	12	41	12	41	5	18	29
RG	24	48	17	34	9	18	50
GCr	30	38	35	45	13	17	78
RCr	73	44	41	25	52	31	166
PpPG	1	50	0	0	1	50	2
PpG	0	0	2	67	1	33	3
PpP	14	87.50	2	12.50	0	0	16
pCT	0	0	1	100	0	0	1
pFT	1	100	0	0	0	0	1
pTT	0	0	0	0	0	0	0
pD	2	100	0	0	0	0	2
pP	39	54	17	24	16	22	72
PxG	0	0	1	100	0	0	1
PxP	71	51	46	33	23	16	140
xCT	17	71	7	29	0	0	24
xFT	129	47	91	33	55	20	275
xTT	21	42	18	36	11	22	50
xD	64	57	39	34	10	9	113
xP	143	58	88	36	15	6	246
RCG	43	48	33	37	13	15	89
Cb	368	43	341	40	147	17	856
Id	1231	50	778	31	471	19	2480
Totales	**9594**	**48**	**6713**	**33**	**3722**	**19**	**20029**

4.2.2. Análisis descriptivo de los estilos

A partir de los datos descriptivos obtenidos de los combates analizados, hemos determinado los estilos preferenciales de combate de los diferentes competidores en el ejercicio competitivo del boxeo de rendimiento, pudiendo hacerse extensivo esta caracterización a los grupos de divisiones de pesos, equipos, etc. Dicho análisis se centra en las frecuencias obtenidas de las conductas del criterio *distancia de combate, tipos de ataques-defensas*, y el *posicionamiento en el ring* del sujeto observado. Estas conductas señaladas ofrecen la información referente a los contextos de interacción en los cuales se desarrollarán con mayor predominio los patrones de conducta derivados de otros análisis posteriores.

Determinar los estilos preferenciales en los que se desarrollan los contextos de interacción en el boxeo, constituye para el investigador una necesidad, en tanto, permite una caracterización global de los combates y una información complementaria que justifica el cómo, es decir, la manera en que el(los) observado(s) gestiona(n) de forma general las acciones técnico-tácticos.

Los estilos preferenciales de combate a los que hacemos alusión son los siguientes:

a) Primer estilo de combate con un predominio de acciones técnico-tácticas desde la distancia larga, con un posicionamiento del ring en la Z1 con transiciones a la Z2, apoyándose ofensivamente en ataques directos simples y compuestos de dos golpes fundamentalmente y con el empleo de defensas de esquivas (por piernas) y afrontamiento (por parada).

b) Segundo estilo de combate con un predominio de acciones técnico-tácticas desde la distancia media por excelencia, con un posicionamiento del ring en la Z2 con transiciones a la Z1, con ataques directos simples y contra-ataques de riposta, así como con defensas de esquivas (por movimientos del tronco).

c) Tercer estilo de combate con un predominio de acciones técnico-tácticas desde la distancia corta y con un posicionamiento del ring en la Z2 predominantemente, con ataques directos compuestos y contra-ataques de encuentro, con el empleo de defensas de afrontamiento (por parada).

A continuación se recogerán en una tabla resumen los resultados de las conductas de los criterios referidos de los competidores por grupos de categorías:

Tabla 4.8. Estilos preferenciales de combates resultantes de la codificación realizada del primer grupo de categorías de peso observada.

Estilos preferenciales de combate del grupo 1				
Combates por grupos	**Posicionamiento en el ring**	**Distancia de combate**	**Tipo de ataque**	**Tipos de defensa**
1-G1	Z1-Z2	L	ADS	DE-DA
2-G1	Z1	L	ADS-ADC	DA
3-G1	Z1	L	ADC	DA
4-G1	Z1	L	ADC	DE-DA
5-G1	Z1	L	ADC	DE
6-G1	Z1	L	ADS	DA
7-G1	Z1	L	ADC	DE
8-G1	Z1	L	ADC	DA
9-G1	Z1	L	ADS	DA
10-G1	Z1	L	ADS	DE
10-G3	Z1-Z2	L	ADS-ADC	DE

Como podemos comprobar en la Tabla 4.8 la totalidad de los combates pertenecientes al primer grupo de categorías de pesos desarrollan una gestión técnico táctica desde un estilo preferencial de combate con un predominio de acciones técnico-tácticas desde la distancia larga, con un posicionamiento del ring en la Z1 con transiciones a la Z2, apoyándose ofensivamente en ataques directos simples fundamentalmente y con el empleo de defensas de esquivas y afrontamiento. Hecho que coincide exactamente con el primer estilo preferencial de combate definido con anterioridad.

Tabla 4.9. Estilos preferenciales de combates resultantes de la codificación realizada del primer grupo de categorías de peso observada.

Estilos preferenciales de combate del grupo 2				
Combates por grupos	**Posicionamiento en el ring**	**Distancia de combate**	**Tipo de ataque**	**Tipos de defensa**
1-G1	Z1	L	ADS	DE
2-G1	Z1	L	ADS	DA
3-G1	Z1	L	ADS-ADC	DE
4-G1	Z1	L	ADS	DE-DA
5-G1	Z1	L	ADS	DE-DA
6-G1	Z1	L	ADC	DE-DA
7-G1	Z1-Z2	L	ADS	DE-DA
8-G1	Z1	L	ADS	DE-DA
9-G1	Z1	L	ADS	DE-DA
10-G1	Z1	L	ADS	DE-DA
10-G3	Z1-Z2	L	ADS-ADC	DE

En la Tabla 4.9 se resumen la totalidad de los combates pertenecientes al segundo grupo de categorías de pesos que desarrollan una gestión técnico-táctica desde un estilo preferencial de combate con un predominio de acciones técnico-tácticas desde la distancia larga, con un posicionamiento del ring en la Z1 con transiciones a la Z2, apoyándose ofensivamente en ataques directos simples fundamentalmente y con el empleo de defensas de esquivas y afrontamiento. Es de destacar la uniformidad de estilos de combates entre el primer y segundo grupo de categorías de pesos analizados.

Tabla 4.10. Estilos preferenciales de combates resultantes de la codificación realizada del primer grupo de categorías de peso observada.

Estilos preferenciales de combate del grupo 2				
Combates por grupos	**Posicionamiento en el ring**	**Distancia de combate**	**Tipo de ataque**	**Tipos de defensa**
1-G1	Z1-Z2	L	ADS-ADC	DA
2-G1	Z1-Z2	L	ADS	DA
3-G1	Z1	L	ADS-ADC	DA
4-G1	Z1	L	ADS-ADC	DE
5-G1	Z1	L	ADS	DE
6-G1	Z1	L	ADS	DE
7-G1	Z1-Z2	L	ADS-ADC	DE-DA
8-G1	Z1-Z2	L	ADS	DE
9-G1	Z1	L	ADS-ADC	DE
10-G1	Z1-Z2	L	ADS-ADC	DE
10-G3	Z1-Z2	L	ADS-ADC	DA

Los resultados de la Tabla 4.10 ofrecen el contexto de interacción en que se desarrollaron la totalidad de los combates pertenecientes al tercer grupo de categorías de pesos. Dicho contexto caracteriza de forma global la gestión técnico-táctica predominante en los ejercicios competitivos observados, el cual fue para cada caso un estilo preferencial de combate con un predominio de acciones técnico-tácticas desde la distancia larga, con un posicionamiento del ring en la Z1 con transiciones a la Z2, apoyándose ofensivamente en ataques directos simples fundamentalmente y con el empleo de defensas de esquivas y afrontamiento. Los resultados del tercer grupo, coinciden con los obtenidos en los dos grupos de categorías de pesos anteriormente analizados.

Como podemos contrastar en las tablas anteriores (Tablas 4.8, 4.9 y 4.10) un solo estilo preferencial de combate caracterizo los contextos de interacción de la totalidad de combates observados de los tres grupos de categorías de pesos, hecho que evidencia fundamentalmente el limitado registro de la gestión técnico-táctica de los competidores observados, así como el reducido nivel de especialización del trabajo por categorías de pesos, especialmente entre los dos primeros grupos, los que presentan pocas diferencias entre los valores de los registros de cada categoría observacional.

4.2.3. Análisis descriptivo de concurrencias

Seguidamente centraremos el análisis descriptivo relacionando facetas a través del retardo 0, configurando de esta manera tablas de contingencia. Con este análisis queremos estudiar las relaciones que se pueden establecer con las diferentes categorías del sistema taxonómico. Para ello, se han vinculando los criterios de dos en dos.

De la Tabla 4.11 debemos destacar que el conjunto de acciones ofensivas y defensivas se ha desarrollado fundamentalmente en la zona 1, con un 70 % del total de tipos de ataques-defensas ejecutados; así mismo, señalar que la zona 3 es inactiva en términos técnico-tácticos, es decir, no se registró ninguna acción estando un boxeador contra las cuerdas o esquinas del ring. Los ataques que caracterizan a la muestra observada son los directos (ADS y ADC), con un 53 % del total de acciones ofensivas registradas; por su parte, no se aprecia una diferencia marcada entre los distintos tipos de defensas empleadas.

Tabla 4.11. Análisis descriptivo de la relación de los criterios: Zona y Tipo de ataques-defensas.

Tipos de A-D	Zonas						Totales
	Z1			Z2			
	Frc.	%F	%C	Frc.	%F	%C	
ADS	868	74	37	299	26	30	1167
ADC	610	73	26	225	27	23	835
CAR	181	66	8	94	34	9	275
CAE	94	78	4	27	22	3	121
DA	273	63	12	161	37	16	434
DE	320	63	13	187	37	19	507
Totales	**2346**	**70**	**100**	**993**	**30**	**100**	**3339**

Nota. Frc.: frecuencias observadas; %F: frecuencia relativa de fila, y; %C: frecuencia relativa de columna.

En la Tabla 4.12 podemos apreciar que el comportamiento más destacado que se registra de las acciones tanto ofensivas como defensivas, sucede en la distancia de combate larga (2689), representando el 80,5 % del total de las referidas acciones observadas; por su parte, se puede señalar como otro dato de interés el hecho de que se registren acciones (126) en la distancia de combate extra-larga (X), a pesar de ser ésta una longitud en la que es improbable que los boxeadores hagan efectiva cualquier acción. Las distancias corta (C) y cuerpo a cuerpo (K) son muy poco empleadas a la hora de desarrollar las distintas acciones técnico-tácticas, representando a penas un 2 y 0,4 del porcentaje total de las distancias de combates registradas. Resaltar por último que el 70 % de los registros en las distancias anteriormente referidas se realizaron en la Z1.

Tabla 4.12. Análisis descriptivo de la relación de los criterios: Zona y Distancia de combate.

Distancias	**Zonas**						**Totales**
	Z1			**Z2**			
	Frc.	**%F**	**%C**	**Frc.**	**%F**	**%C**	
X	83	66	3	43	34	4,3	126
L	1959	73	84	730	27	74	2689
M	257	59	11	181	41	18	438
C	40	56	1.7	31	44	3	71
K	7	50	0.3	7	50	0.7	14
Totales	**2346**	**70**	**100**	**992**	**30**	**100**	**3338**

Nota. Frc.: frecuencias observadas; %F: frecuencia relativa de fila, y; %C: frecuencia relativa de columna.

En la Tabla 4.13 podemos analizar las frecuencias registradas de los modos de ejecución de los diferentes tipos de ataques, desde las diferentes zonas de posicionamiento en el ring. La zona 1 es desde la que mayor número de ataques se realizan con un 73 % del total de las acciones ofensivas registradas. Otro dato significativo que se aprecia es el hecho de que el principal modo de ataque sean los golpes rectos (R), con un registro de 1438 acciones, lo que representa el 60 % del total observados; por su parte, los modos de ataques menos empleados son las acciones con predominio de ganchos (pG) y cruzados (pCr), con apenas 24 y 29 acciones registradas, lo que representa el 1 % y 1,2 % del total, respectivamente.

Tabla 4.13. Análisis descriptivo de la relación de los criterios: Zona y Modos de ejecución de los ataques.

Modos de Ataques	Zonas						Totales
	Z1			Z2			
	Frc.	%F	%C	Frc.	%F	%C	
R	1078	75	61	360	25	56	1438
G	77	73	4	28	27	4	105
Cr	144	69	9	64	31	10	208
pR	136	66	8	70	34	11	206
pG	11	46	1	13	54	2	24
pCr	24	83	1	5	17	1	29
RG	39	78	2	11	22	2	50
GCr	56	72	3	22	28	3	78
RCr	121	73	7	45	27	7	166
RCG	66	74	4	23	26	4	89
Totales	**1752**	**73**	**100**	**641**	**27**	**100**	**2393**

Nota. Frc.: frecuencias observadas; %F: frecuencia relativa de fila, y; %C: frecuencia relativa de columna.

En la Tabla 4.14 se detallan las frecuencias registradas de los modos de ejecución de los diferentes tipos de defensas desde las diferentes zonas de posicionamiento en el ring, en este sentido, la zona 1 es desde la que mayor número de defensas se ejecutan con un 63 % del total de las acciones defensivas registradas. Otro dato significativo que se observa estriba en el hecho de que los principales modos de defensas son las acciones defensivas por flexión del tronco (xFT) y por pasos (xP), con un registro de 275 y 246 acciones, representando el 29 % y 26 %, respectivamente, del total observadas, que a su vez integra más de la mitad del conjunto de modos defensivos observados; por su parte, los modos menos empleados son las acciones defensivas de piernas por giro (PxG), de piernas por predominio de giros (PpG), de piernas por predominio de pasos y giros (PpPG), por predominio de flexión del tronco (pFT), por predominio de circunducción del tronco (pCT), por predominio de desvío (pD), con apenas 1, 3, 2, 1, 1 y 2 acciones registradas, lo que representa el 0,1 %, 0,3 %, 0,2 %, 0,1 %, 0,1 % y 0,2 % del total, respectivamente.

Tabla 4.14. Análisis descriptivo de la relación de los criterios: Zona y Modos de ejecución de las defensas.

Modos de Defensas	Zonas						Totales
	Z1			Z2			
	Frc.	%F	%C	Frc.	%F	%C	
PpPG	1	50	0.2	1	50	0.3	2
PpG	0	0	0	3	100	0.8	3
PpP	9	53	0.5	8	47	2.3	17
pCT	0	0	0	1	100	0.3	1
pFT	1	100	0.2	0	0	0	1
pTT	0	0	0	0	0	0	0
pD	2	100	0.3	0	0	0	2
pP	38	53	6.4	33	47	9	71
PxG	0	0	0	1	100	0.3	1
PxP	89	63	15	51	37	15	140
xCT	13	54	2	11	46	3	24
xFT	177	64	30	98	36	28	275
xTT	31	62	5.4	19	38	5	50
xD	81	72	14	32	28	9	113
xP	152	62	26	94	38	27	246
Totales	**594**	**63**	**100**	**352**	**37**	**100**	**946**

Nota. Frc.: frecuencias observadas; %F: frecuencia relativa de fila, y; %C: frecuencia relativa de columna.

La Tabla 4.15 analiza la relación de los criterios zona, así como el nivel de complejidad de las acciones técnico-tácticas registradas. En este análisis, como dato fundamental tenemos que el nivel de complejidad en que se estructuraron las diferentes acciones técnico-tácticas registradas fueron independientes con 2480 acciones que representan un 74 % del total de niveles de complejidad observados.

Tabla 4.15. Análisis descriptivo de la relación de los criterios: Zona y Nivel de complejidad.

Nivel de Complejidad	Zonas						Totales
	Z1			Z2			
	Frc.	%F	%C	Frc.	%F	%C	
Cb	588	68	25	271	32	27	859
Id	1758	71	75	722	29	73	2480
Totales	**2346**	**70**	**100**	**993**	**30**	**100**	**3339**

Nota. Frc.: frecuencias observadas; %F: frecuencia relativa de fila, y; %C: frecuencia relativa de columna.

Como se puede observar en la Tabla 4.16, se relacionan los criterios tipos de ataques-defensas con las distancias de combate, importantes elementos para futuros análisis más personalizados a la hora de hacer inferencias de los estilos preferenciales de combate. Como dato a destacar, encontramos el reducido registro de acciones ofensivas indirectas o contraataques, lo que representan tan solo un 12 % del conjunto de los tipos de acciones analizadas. Así mismo podemos señalar el hecho paralelo de que se plasman acciones ofensivas indirectas desde la distancia extra-larga (X). Por último, destacar la reducida capacidad defensiva que se infiere de los registros efectuados, especialmente en las distancias corta (C) y cuerpo a cuerpo (K).

Tabla 4.16. Análisis descriptivo de la relación de los criterios: Tipos de Ataques-Defensas y Distancia de combate.

Tipos de A-D		**Distancias**					
		X	**L**	**M**	**C**	**K**	**Totales**
ADS	Frc.	92	1018	46	10	1	1167
	%F	73	38	10	14	7	35
	%C	8	87	4	1	0	100
ADC	Frc.	22	692	85	28	8	835
	%F	17	26	19	39	57	25
	%C	3	83	10	3	1	100
CAR	Fcr.	11	158	90	15	1	275
	%F	9	6	21	21	7	8
	%C	4	57	33	6	0	100
CAE	Frc.	1	89	29	2	0	121
	%F	1	3	7	3	0	4
	%C	1	73	24	2	0	100
DA	Frc.	0	355	63	12	4	434
	%F	0	13	14	17	29	13
	%C	0	82	14	3	1	100
DE	Frc.	0	377	125	4	0	506
	%F	0	14	29	6	0	15
	%C	0	74	25	1	0	100
Totales		**126**	**2689**	**438**	**71**	**14**	**3338**

Nota. Frc.: frecuencias observadas; %F: frecuencia relativa de fila, y; %C: frecuencia relativa de columna.

La Tabla 4.17 refleja los datos concernientes a la relación entre los tipos de ataques y los modos de ejecución de estos. En este sentido es de destacar el hecho de que los ataques directos simples (ADS) se ejecutan fundamentalmente sobre la base de golpes rectos (R) con un 84 %. Por su parte, los ataques directos combinados (ADC) se realizan a partir de golpes rectos (R) y por predominio de golpes rectos (pR), con una representatividad de un 55 %. Además, tanto los contra-ataques de riposta (CAR), como los contra-ataques de encuentro (CAE), tienen en los modos de ejecución de ataques más representativos los golpes rectos con un 41 % y 55 % respectivamente.

Tabla 4.17. Análisis descriptivo de la relación de los criterios: Tipos de ataques y Modos de ejecución de los ataques.

Tipos de A-D		Modos de ataques										
		R	**G**	**Cr**	**pR**	**pG**	**pCr**	**RG**	**GCr**	**RCr**	**RCG**	**Totales**
ADS	Frc	981	48	133	3	0	0	1	0	1	0	1167
	%F	68	46	64	2	0	0	2	0	1	0	49
	%C	84	4,7	11	0.3	0	0	0	0	0	0	100
ADC	Frc	281	17	21	178	18	22	35	58	138	67	835
	%F	20	16	10	86	75	76	70	74	83	75	35
	%C	34	2	3	21	2	3	4	7	16	8	100
CAR	Frc	112	33	40	17	6	5	9	17	17	19	275
	%F	8	31	19	8	25	17	18	22	10	21	11
	%C	41	12	15	6	2	2	3	6	6	7	100
CAE	Frc	64	7	14	8	0	2	5	3	10	3	116
	%F	4	7	7	4	0	7	10	4	6	4	5
	%C	55	6	12	7	0	2	4	3	9	2	100
Totales		**1438**	**105**	**208**	**206**	**24**	**29**	**50**	**78**	**166**	**89**	**2393**

Nota. Frc.: frecuencias observadas; %F: frecuencia relativa de fila, y; %C: frecuencia relativa de columna.

En la Tabla 4.18 se exponen las frecuencias registradas de los criterios tipos de defensas y los modos de ejecución de estas. Destacamos el hecho de que las defensas de afrontamiento (DA) se ejecutan fundamentalmente sobre la base de defensas por paradas (xP), con un 56 % del total de las acciones defensivas de este tipo; por su parte, las defensas de esquivas (DE) se realizan por torsión del tronco (xFT), con un 55 % del total de los modos defensivos por esquiva.

Tabla 4.18. Análisis descriptivo de la relación de los criterios: Tipos de defensas y Modos de ejecución de las defensas.

Modos de Defensas	Tipos de defensas						Totales
	DA			DE			
	Frc.	%F	%C	Frc.	%F	%C	
PpPG	0	0	0	2	100	0.4	2
PpG	0	0	0	3	100	0.6	3
PpP	1	6	0.2	16	94	3.2	17
pCT	0	0	0	1	100	0.2	1
pFT	0	0	0	1	100	0.2	1
pTT	0	0	0	0	0	0	0
pD	2	100	0.4	0	0	0	2
pP	71	100	17	0	0	0	71
PxG	0	0	0	1	100	0.2	1
PxP	1	1	0.2	139	99	27	140
xCT	0	0	0	24	100	5	24
xFT	5	2	0.2	270	98	53	275
xTT	1	2	0	49	98	10	50
xD	113	100	26	0	0	0	113
xP	245	99.6	56	1	0.4	0.2	246
Totales	**434**	**46**	**100**	**507**	**54**	**100**	**946**

Nota. Frc.: frecuencias observadas; %F: frecuencia relativa de fila, y; %C: frecuencia relativa de columna.

La Tabla 4.19 resume las relaciones de los criterios tipos de ataques-defensas y el nivel de complejidad de dichas acciones. Es de destacar el hecho de que el conjunto de acciones, tanto ofensivo como defensivo, se estructure preferiblemente desde un nivel de complejidad independiente (Id), representando el 74 % del total de acciones realizadas y sustentados desde el punto de vista ofensivo, por un 44 % de ataques directos simples (ADS) y un 25 % de ataques directos compuesto (ADC) y desde el punto de vista defensivo, por un 14 % de defensas de esquivas (DE) y un 13 % de esquivas de afrontamiento (DA).

Tabla 4.19. Análisis descriptivo de la relación de los criterios: Tipos de ataques–defensas y Nivel de complejidad.

Tipos de A-D		Nivel de complejidad		
		Cb	**Id**	**Totales**
ADS	Frc.	80	1087	1167
	%F	10	43.8	35
	%C	7	93	100
ADC	Frc.	206	629	835
	%F	24	25	25
	%C	25	75	100
CAR	Frc.	270	5	275
	%F	31	0.2	8
	%C	98	2	100
CAE	Frc.	19	102	121
	%F	2	4	4
	%C	16	84	100
DA	Frc.	112	322	434
	%F	13	13	13
	%C	26	74	100
DE	Frc.	172	335	507
	%F	20	14	15
	%C	34	66	100
Totales		**859**	**2480**	**3339**

Nota. Frc.: frecuencias observadas; %F: frecuencia relativa de fila, y; %C: frecuencia relativa de columna.

En la Tabla 4.20 aparecen las frecuencias resultantes de las relaciones de los criterios distancias de combate y los modos de ejecución de los ataques. Es destacable señalar que los golpes rectos (R) es el modo de ataque más ejecutado desde la distancia larga (L), con un 67 % del total de las acciones realizadas en esa distancia; los ganchos (G) con un 20 % y los cruzados (Cr) con un 21 % son los modos de ataques más empleados en la distancia media (M) de combate; por su parte, la combinación de golpes ganchos-cruzados (GCr) con un 27 % constituyen las acciones ofensivas más utilizadas en la distancia corta (C) de combate; finalmente, añadir que son los cruzados (Cr) y la combinación de ganchos-cruzados (GCr), con un 30 % en cada caso, las acciones ofensivas mayormente empleadas en la distancia de combate cuerpo a cuerpo (K). Es obligatorio matizar, en este último caso, que son muy escasas las acciones que se registran en esta distancia (cuerpo a cuerpo), apenas un 1 % del total de acciones ofensivas, dado el sistema arbitral del boxeo olímpico actual que entiende que en dicha distancia no es efectiva acción alguna entre los boxeadores y se procede a detener momentáneamente el combate obligándolos a estar nuevamente en extra-larga (X) para reiniciar el combate.

Tabla 4.20. Análisis descriptivo de la relación de los criterios: Distancia de combate y Modos de ejecución de los ataques.

Distancia		Modos de ataques										
		R	**G**	**Cr**	**pR**	**pG**	**pCr**	**RG**	**GCr**	**RCr**	**RCG**	**Totales**
X	Frc.	88	5	17	12	0	0	1	0	3	0	126
	%F	6	5	8	6	0	0	2	0	2	0	5
	%C	70	4	13	10	0	0	1	0	2	0	100
L	Frc.	1317	36	126	189	7	16	44	18	141	60	1954
	%F	92	34	61	92	29	55	88	23	85	68	82
	%C	67	2	6,4	10	0.4	1	2,2	1	7	3	100
M	Frc.	33	49	51	5	6	10	5	42	20	27	248
	%F	2	47	25	2	25	35	10	54	12	30	10
	%C	13	20	21	2	2	4	2	17	8	11	100
C	Frc.	0	13	11	0	10	2	0	15	2	2	55
	%F	0	12	5	0	42	7	0	19	1	2	2
	%C	0	23	20	0	18	4	0	27	4	4	100
K	Frc.	0	2	3	0	1	1	0	3	0	0	10
	%F	0	2	1	0	4	3	0	4	0	0	1
	%C	0	20	30	0	10	10	0	30	0	0	100
Totales		**1438**	**105**	**208**	**206**	**24**	**29**	**50**	**78**	**166**	**89**	**2393**

Nota. Frc.: frecuencias observadas; %F: frecuencia relativa de fila, y; %C: frecuencia relativa de columna.

La Tabla 4.21 refleja los registros resultantes de las relaciones de los criterios distancias de combate y los modos de ejecución de las defensas. Es oportuno destacar que las defensas por parada (xP) y por flexión del tronco (xFT) son el modo defensivo más empleado desde la distancia larga (L), con un 28 % y 27 %, respectivamente, del total de las acciones realizadas en esa distancia. La flexión del tronco (xFT), es el modo de defensa más realizado en la distancia media (M) de combate, con un 38 %; constituye la defensa por parada (xP), con un 44 % y un 25 %, la acción defensiva más utilizada en las distancias de combate corta (C) y cuerpo a cuerpo (K), respectivamente. Destacamos también que no ha ocurrido ningún modo de ejecución defensiva en la distancia extra-larga (X).

Tabla 4.21. Análisis descriptivo de la relación de los criterios: Distancia y Modos de ejecución de los defensas.

Modos de Defensas		Distancias				
		L	M	C	K	Totales
PpPG	Frc.	2	0	0	0	2
	%F	100	0	0	0	100
	%C	0.3	0	0	0	0.2
PpG	Frc.	2	1	0	0	3
	%F	67	33	0	0	100
	%C	0.3	0.5	0	0	0.3
PpP	Fcr.	15	1	0	1	17
	%F	88	6	0	6	100
	%C	2	0.5	0	25	2
pCT	Frc.	0	1	0	0	1
	%F	0	100	0	0	100
	%C	0	0.5	0	0	0.1
pFT	Frc.	1	0	0	0	1
	%F	100	0	0	0	100
	%C	0.1	0	0	0	0.1
pTT	Frc.	0	0	0	0	0
	%F	0	0	0	0	0
	%C	0	0	0	0	0
pD	Frc.	2	0	0	0	2
	%F	100	0	0	0	100
	%C	0.3	0	0	0	0.2
pP	Frc.	39	25	5	2	71
	%F	55	35	7	3	100
	%C	5	13	31	50	7
PxG	Fcr.	1	0	0	0	1
	%F	100	0	0	0	100
	%C	0.1	0	0	0	0.1
PxP	Frc.	134	5	0	0	139
	%F	96	4	0	0	100
	%C	18.2	3	0	0	15
xCT	Frc.	5	17	2	0	24
	%F	21	71	8	0	100
	%C	0.7	9	13	0	3
xFT	Frc.	201	73	1	0	275
	%F	73.1	26.5	0.4	0	100
	%C	27	38	6	0	29
xTT	Frc.	20	29	1	0	50
	%F	40	58	2	0	100
	%C	3	15	6	0	5
xD	Frc.	110	3	0	0	113
	%F	97	3	0	0	100

	%C	15	2	0	0	12
	Frc.	203	35	7	1	246
xP	%F	82.6	14	3	0.4	100
	%C	28	18.5	44	25	26
Totales		**735**	**190**	**16**	**4**	**945**

Nota. Frc.: frecuencias observadas; %F: frecuencia relativa de fila, y; %C: frecuencia relativa de columna.

Como se puede observar en la Tabla 4.22 se relacionan los criterios distancias de combate y el nivel de complejidad. Como dato a destacar, encontramos que la mayoría de acciones (2130), con una estructura independiente de complejidad, se registraron en la distancia larga (L) de combate con un 86 % del total de acciones de este nivel; por su parte, las principales acciones (559) con un nivel de estructura combinado igualmente se registraron en la distancia larga (L), representando estas el 65 % del total efectuado en el nivel anteriormente referido.

Tabla 4.22. Análisis descriptivo de la relación de los criterios: Distancia de combate y Nivel de complejidad.

Distancias		**Nivel de complejidad**		
		Cb	**Id**	**Totales**
	Frc.	14	112	126
X	%F	2	4.5	4
	%C	11	89	100
	Frc.	559	2130	2689
L	%F	65	86	81
	%C	21	79	100
	Frc.	244	194	438
M	%F	28	8	13.1
	%C	56	44	100
	Frc.	34	37	71
C	%F	4	1.3	1.5
	%C	48	52	100
	Frc.	8	6	14
K	%F	1	0.2	0.4
	%C	57	43	100
Totales		**859**	**2479**	**3338**

Nota. Frc.: frecuencias observadas; %F: frecuencia relativa de fila, y; %C: frecuencia relativa de columna.

La Tabla 4.23 ofrece los registros resultantes de las relaciones de los criterios los modos de ejecución de los ataques y el nivel de complejidad. Es oportuno destacar que los golpes rectos (R) son el modo ofensivo más empleado tanto para el nivel de estructura independiente, con un total de 1244 acciones, como para el nivel de estructura combinado con un total de 194 acciones que representan el 68 % y 34 %, respectivamente.

Tabla 4.23. Análisis descriptivo de la relación de los criterios: Modos de ejecución de los ataques y Nivel de complejidad.

Modos de ataques		**Nivel de complejidad**		
		Cb	**Id**	**Totales**
R	Frc.	194	1244	1438
	%F	34	68	60
	%C	13	87	100
G	Frc.	49	56	105
	%F	8	3	4
	%C	47	53	100
Cr	Frc.	66	142	208
	%F	11	8	9
	%C	32	68	100
Pr	Frc.	52	154	206
	%F	9	8.5	9
	%C	25	75	100
pG	Frc	13	11	24
	%F	2	1	1
	%C	54	46	100
pCr	Frc.	15	14	29
	%F	3	1	1
	%C	52	48	100
RG	Frc.	14	36	50
	%F	2	2	2
	%C	28	72	100
GCr	Frc.	52	26	78
	%F	9	1	3
	%C	67	33	100
RCr	Frc.	56	110	166
	%F	10	6	7
	%C	34	66	100
RCG	Frc.	62	27	89
	%F	11	1.5	4
	%C	70	30	100
Totales		**573**	**1820**	**2393**

Nota. Frc.: frecuencias observadas; %F: frecuencia relativa de fila, y; %C: frecuencia relativa de columna.

La Tabla 4.24 recoge los registros resultantes de las relaciones de los criterios modos de ejecución de las defensas y el nivel de complejidad. Es destacable que las defensas por flexión del tronco (xFT) y por parada (xP), con un 26 % y 28 %, respectivamente, son los modos ofensivos más empleados para el nivel de estructura independiente; por su parte, la acción defensiva por flexión del tronco (xFT), con un 36%, es la más utilizada con un nivel de estructura combinado de acciones.

Tabla 4.24. Análisis descriptivo de la relación de los criterios: Modos de ejecución de las defensas y Nivel de complejidad.

Modos de ataques		**Nivel de complejidad**		
		Cb	**Id**	**Totales**
PpPG	Frc.	1	1	2
	%F	0.3	0.1	0.2
	%C	50	50	100
PpG	Frc.	0	3	3
	%F	0	0.4	0.3
	%C	0	100	100
PpP	Frc.	0	17	17
	%F	0	3	2
	%C	0	100	100
pCT	Frc.	1	0	1
	%F	0.3	0	0.1
	%C	100	0	100
pFT	Frc.	0	1	1
	%F	0	0.1	0.1
	%C	0	100	100
pTT	Frc.	0	0	0
	%F	0	0	0
	%C	0	0	0
pD	Frc.	0	2	2
	%F	0	0.3	0.2
	%C	0	100	100
GCr	Frc.	15	56	71
	%F	5	8	7.5
	%C	21	79	100
RCr	Frc.	0	1	1
	%F	0	0.1	0.1
	%C	0	100	100
RCG	Frc.	35	105	140
	%F	12	16	15
	%C	25	75	100
	Frc.	8	16	24

xCT	%F	2.4	2	2.5
	%C	33	67	100
	Frc.	102	173	275
xFT	%F	36	26	29
	%C	37	63	100
	Frc.	26	24	50
xTT	%F	9	4	5
	%C	52	48	100
	Frc.	36	77	113
xD	%F	13	12	12
	%C	32	68	100
	Frc.	62	184	246
xP	%F	22	28	26
	%C	25	75	100
Totales		**286**	**660**	**946**

Nota. Frc.: frecuencias observadas; %F: frecuencia relativa de fila, y; %C: frecuencia relativa de columna.

4.3. ANÁLISIS SECUENCIAL

El análisis secuencial permite detectar la existencia de configuraciones estables de comportamiento estructuradas en base al orden de las conductas, de forma que dichas estructuras denominadas *patrones de conducta* tengan un grado de intensidad o conexión asociativa entre los elementos mayor que el que existiera si solamente actuase el azar (Anguera, 1983).

Los patrones de conducta se calculan a partir de una conducta considerada por hipótesis posible como iniciadora o desencadenante de las que le siguen (denominada conducta criterio), elaborándose una tabla de frecuencias de retardos y de las correspondientes probabilidades condicionales (Sackett, 1978, 1979, 1987; Anguera, 1983; Blanco, 1983). Se calculan igualmente las probabilidades incondicionales (las condicionales dependen del orden de ocurrencia de las conductas, y las incondicionales de su frecuencia en el total de la sesión), pudiendo conocer en cada retardo cuales son las conductas excitatorias por superar su probabilidad condicional a la incondicional y, por tanto, entender que existe entre sí una fuerza de cohesión superior al mero encadenamiento por azar, con lo que se obtienen patrones de conducta compuestos por sucesivos eslabones (correspondientes a los diferentes retardos) que pueden ser denominados, definidos y estudiados de forma pormenorizada en cuanto a su constancia o variación entre diferentes sesiones, partes diferenciadas de una sesión, sujetos, distintas conductas consideradas como criterios (Anguera, 1997), entre otros.

En el análisis secuencial se desarrollan dos perspectivas. Por una parte, la prospectiva, contemplando el sentido "hacia adelante", tal cual se produce la ocurrencia de la conducta y retrospectiva en sentido "hacia atrás" que nos proporciona una imagen concreta del patrón de conducta que permite contemplar las dos vertientes del diseño diacrónico intensivo secuencial. Para su estimación es necesario considerar los siguientes conceptos:

a) *Conducta criterio:* es aquella categoría que por hipótesis se supone que inicia una serie de conductas que guardan entre si una intensidad de cohesión respecto al parámetro de un orden mayor que la previsible si solo actuase el azar.

b) *Conducta de apareo o condicionada:* es aquella categoría hasta cuya ocurrencia en la secuencia de datos se contabilizan los retardos. A partir de la lista serial se contabilizan las frecuencias de cada par de categorías en la que la primera es el criterio y la segunda es la apareada.

c) *Retardo:* es cada uno de los lugares de orden que ocupa cada una de las categorías registradas respecto a las previas ocurrencias de la conducta criterio.

d) *Probabilidad de transición:* es el estadístico descriptivo más simple que capta aspectos secuenciales de los datos. Se trata de un tipo de probabilidad condicional.

Señalar que solo se han considerado las transiciones mayores o iguales a 1,96, ya que a partir de este valor se supone la activación en la transición por encima de la esperada por azar (Bakeman y Gottman, 1989).

En la tabla 4.25 vienen recogidos las diferentes combinaciones que se han llevado a cabo entre los criterios que configuran la herramienta de observación. Esta combinación atiende a la lógica del evento boxístico, de tal forma que se ha pretendido relacionar todas las conductas o códigos del andamiaje conductual que guardan una coherencia en el propio combate. Además de los criterios se detallan las categorías que han sido escogidas como conductas focales y las que se han escogido como conductas condicionadas. A partir de aquí se han calculado los residuos ajustados con los que llevar a cabo el análisis secuencial mediante la técnica de retardos y estimar los patrones de conducta excitatorios o activadores e inhibitorios, y realizadas tanto desde la perspectiva prospectiva como de la retrospectiva. Dichos datos se han procesado y obtenidos con el programa de análisis secuencial *SDIS-GSEQ* en su versión para *Windows*.

Tras el análisis de la salida de datos se han configurado los patrones excitatorios desde la perspectiva prospectiva que están recogidos en las tablas 4.26, 4.28, 4.30, 4.32, 4.34, 4.36 y 4.38), como de la perspectiva retrospectiva que se ordenan en las tablas 4.27, 4.29, 4.31, 4.33, 4.35, 4.37 y 4.39). Por otro lado, los patrones inhibitorios, también han sido analizados desde ambas perspectivas: la prospectiva, recogidas en las tablas 4.40, 4.42, 4.44, 4.46, 4.48, 4.49 y 4.51), y retrospectiva, que aparecen en las tablas 4.41, 4.43, 4.45, 4.47, 4.50 y 4.52). Finalmente, en las tablas 4.53, 4.54, 4.55 y 4.56 se adjuntan las tablas resumen para cada una de las perspectivas en su doble versión activadora e inhibitoria.

Tabla 4.25. Tabla resumen de todos los análisis los análisis secuenciales desarrollados, tanto desde la perspectiva prospectiva, como retrospectiva.

Retrospectiva	Criterio	Prospectiva
Tipos de Ataques-defensas (ADS, ADC, CAR, CAE, DA, DE)	**Distancia de combate** (X, L, M,C, K)	**Tipos de Ataques-defensas** (ADS, ADC, CAR, CAE, DA, DE)
Tipos de Ataques-defensas (ADS, ADC, CAR, CAE, DA, DE)	**Modos de ejecución de los ataques** (R, G, Cr, pR, pG, pCr, RG, GCr, RCr, RCG)	**Tipos de Ataques-defensas** (ADS, ADC, CAR, CAE, DA, DE)
Tipos de Ataques-defensas (ADS, ADC, CAR, CAE, DA, DE)	**Modos de ejecución de las defensas** (PpPG, PpG, PpP, pCT, pFT, pTT, pD, pP, PxG, PxP, xCT xFT, xTT, xD, xP)	**Tipos de Ataques-defensas** (ADS, ADC, CAR, CAE, DA, DE)
Modos de ejecución de los ataques (R, G, Cr, pR, pG, pCr, RG, GCr, RCr, RCG)	**Tipos de Ataques-defensas** (ADS, ADC, CAR, CAE, DA, DE)	**Modos de ejecución de los ataques** (R, G, Cr, pR, pG, pCr, RG, GCr, RCr, RCG)
Modos de ejecución de las defensas (PpPG, PpG, PpP, pCT, pFT, pTT, pD, pP, PxG, PxP, xCT xFT, xTT, xD, xP)	**Tipos de Ataques-defensas** (ADS, ADC, CAR, CAE, DA, DE)	**Modos de ejecución de las defensas** (PpPG, PpG, PpP, pCT, pFT, pTT, pD, pP, PxG, PxP, xCT xFT, xTT, xD, xP)
Modos de ejecución de los ataques (R, G, Cr, pR, pG, pCr, RG, GCr, RCr, RCG)	**Distancia de combate** (X, L, M,C, K)	**Modos de ejecución de los ataques** (R, G, Cr, pR, pG, pCr, RG, GCr, RCr, RCG)
Modos de ejecución de las defensas (PpPG, PpG, PpP, pCT, pFT, pTT, pD, pP, PxG, PxP, xCT xFT, xTT, xD, xP)	**Distancia de combate** (X, L, M,C, K)	**Modos de ejecución de las defensas** (PpPG, PpG, PpP, pCT, pFT, pTT, pD, pP, PxG, PxP, xCT xFT, xTT, xD, xP)

4.3.1. Patrones excitatorios

4.3.1.1. Patrones de *distancia de combate* y *tipos de ataques-defensas* (prospectivos)

La Tabla 4.26 expone los registros secuenciales prospectivos de las transiciones de las conductas del criterio *distancia de combate* y las conductas condicionadas del criterio *tipos de ataques-defensas*. En la referida tabla podemos destacar que desde la distancia extra-larga (X) se activan patrones de conducta que transitan de ataques directos (ADS y ADC) a defensas de esquivas (DE); desde la distancia larga (L) se activan, fundamentalmente, patrones de conducta de acciones defensivas de esquiva (DE) y afrontamiento (DA); desde las distancias medias (M) y cuerpo a cuerpo (K) se activan, fundamentalmente, patrones de conducta ofensivos directos (ADS y ADC). Destacamos también que no ha ocurrido ningún tipo de patrón de ataque o defensa en las distancias corta (C) y cuerpo a cuerpo (K).

Tabla 4.26. Análisis secuencial prospectivo de la relación de las conductas definidas.

CC	R+1	R+2
X	ADS (5.33) ADC (3.28)	DE (1.99)
L	DE (7.73) DA (5.50)	Ø
M	ADS (2.65)	Ø
Chi2	**228.7807**	**48.3383**
gl	**20**	**20**
p	**0.000**	**0.000**

Nota: **Chi^2** = Chi cuadrado de Pearson; **gl** = Grados de libertad; **p** = Valor aproximado.

4.3.1.2. Patrones de *distancia de combate* y *tipos de ataques-defensas* (retrospectivos)

La Tabla 4.27 muestra los registros secuenciales retrospectivos de las transiciones de las conductas del criterio *distancia de combate* y las conductas condicionadas del criterio *tipos de ataques-defensas*. De dicha tabla podemos destacar que desde la distancia extra-larga (X) se activan acciones defensivas de esquiva (DE); desde la distancia larga (L) se activan patrones de conducta de ataques directos simples (ADS); desde la distancia media (M) no se registran tipos de ataques (ADS, ADC, CAR, CAE) o defensas (DA, DE); desde la distancia corta (C) se activan patrones de conducta de ataques directos compuestos (ADC) y defensas de esquivas (DE), en la distancia cuerpo a cuerpo (K) de combate no se registra ningún patrón de conducta asociado a los tipos de ataques-defensas.

Tabla 4.27. Análisis secuencial retrospectivo de la relación de las conductas definidas.

R-1	CC
DE (2.20)	X
ADS (2.34)	L
ADC (2.47) DE (2.10)	C
43.9050	**Chi2**
20	**gl**
0.001	**p**

Nota: **Chi^2** = Chi cuadrado de Pearson; **gl** = Grados de libertad; **p** = Valor aproximado.

4.3.1.3. Patrones de *modos de ejecución de los ataques* y *tipos de ataques-defensas* (prospectivos)

En la Tabla 4.28 se presentan los registros secuenciales prospectivos de las transiciones de las conductas del criterio *modo de ejecución de los ataques* y las conductas condicionadas del criterio *tipos de ataques-defensas*. En dicha tabla podemos destacar que los golpes rectos (R) activan patrones de conducta que transitan de contra-ataques de riposta (CAR) a ataques directos simples (ADS) y contra-ataques de encuentro (CAE); los golpes de gancho (G) activan patrones de conducta con ataques directos simples (ADS); con los golpes cruzados (Cr) no se ha obtenido ningún patrón de conducta ofensivo; la combinación con predominio de rectos (pR) activa patrones de conducta en ataques directos compuestos (ADC); la combinación con predominio de ganchos (pG) no activa ningún patrón de conducta; la combinación con predominio de cruzados (pCr) no activa patrones de conducta ofensivos ni defensivos; con las combinaciones de golpes rectos-ganchos (RG), así como la combinación de golpes ganchos-cruzados (GCr), no se han obtenido ningún patrón de conducta ofensivo; por su parte, las combinaciones de golpes rectos-cruzados (RCr) y rectos-cruzados-ganchos (RCG) activan patrones de conducta con ataques directos compuestos (ADC).

Tabla 4.28. Análisis secuencial prospectivo de la relación de las conductas definidas.

CC	R+1	R+2	R+4	R+5
R	Ø	CAR (2.05)	ADS (4.46)	Ø
G	ADS (2.21)	Ø	Ø	Ø
pR	ADC (2.01)	ADC (3.63)	ADC (4.33)	ADC (2.91)
RCr	ADC (2.73)	ADC (2.53)	Ø	ADC (2.43)
RCG	ADC (2.39)	ADC (3.32)	ADC (3.12)	Ø
Chi2	**86.1495**	**66.7963**	**59.6023**	**45.0994**
gl	**27**	**27**	**27**	**27**
p	**0.000**	**0.000**	**0.000**	**0.015**

Nota: **Chi^2** = Chi cuadrado de Pearson; **gl** = Grados de libertad; **p** = Valor aproximado.

4.3.1.4. Patrones de *modos de ejecución de los ataques* y *tipos de ataques-defensas* (retrospectivos)

En la Tabla 4.29 se presentan los registros secuenciales retrospectivos de las transiciones de las conductas del criterio *modo de ejecución de los ataques* y las conductas condicionadas del criterio *tipos de ataques defensas*. En dicha tabla podemos destacar que los golpes rectos (R) activan patrones de conducta que transitan de contra-ataques de riposta (CAR) a ataques directos simples (ADS) y contra-ataques de riposta (CAR); los golpes de gancho (G) no activan ningún patrón de conducta; los golpes cruzados (Cr) activan patrones de conducta con ataques directos simples (ADS); la combinación con predominio de rectos (pR) activan patrones de conducta en ataques directos compuestos (ADC); la combinación con predominio de ganchos (pG), la combinación rectos-ganchos (RG), rectos-cruzados-ganchos (RCG) y predominio de cruzados (pCr) no activan ningún patrón de conducta; las combinaciones de golpes ganchos-cruzados (GCr) y rectos-cruzados (RCr) activan patrones de conducta de ataques directos compuestos (ADC).

Tabla 4.29. Análisis secuencial retrospectivo de la relación de las conductas definidas.

R-5	R-4	R-3	R-2	R-1	CC
CAR (2.12)	ADS (2.58)	ADS (4.10)	ADS (3.45)	CAR (2.02)	R
Ø	Ø	Ø	Ø	ADS (2.26)	Cr
ADC (4.26)	ADC (4.02)	ADC (4.25)	ADC (3.39)	Ø	pR
Ø	Ø	Ø	Ø	ADC (3.37)	GCr
ADC (2.68)	Ø	Ø	ADC (2.59)	Ø	RCr
46.6451	**58.0725**	**49.0688**	**43.7864**	**49.1669**	**Chi2**
27	**27**	**27**	**27**	**27**	**gl**
0.010	**0.000**	**0.005**	**0.021**	**0.005**	**p**

Nota: **Chi^2** = Chi cuadrado de Pearson; **gl** = Grados de libertad; **p** = Valor aproximado.

4.3.1.5. Patrones de *modos de ejecución de las defensas* y *tipos de ataques-defensas* (prospectivos)

La Tabla 4.30 expone los registros secuenciales prospectivos de las transiciones de las conductas del criterio *modos de ejecución de las defensas* y las conductas condicionadas del criterio *tipos de ataques-defensas*. En dicha tabla podemos destacar que el conjunto de defensas de piernas por predominio de pasos y giros (PpPG), de piernas por predominio de giros (PpG), de piernas por predominio de pasos (PpP), por predominio de circunducción del tronco (pCT), por predominio de de flexión del tronco (pFT), por predominio de torsión del tronco (pTT), por predominio de desvío (pD), de piernas por giros (PxG), de piernas por pasos (PxP), defensas por circunducción del tronco (xCT), defensas por desvío (xD) y por parada (xP) no se activan patrones de conducta de ningún tipo de ataque, ni defensa. Las defensas por predominio de parada (pP) activan patrones de conducta en forma de ataques directos compuestos (ADC); las defensas por flexión del tronco (xFT) activan patrones de conducta que transitan de contra-ataques de riposta (CAR) a defensas de esquiva (DE); las defensas por torsión del tronco (xTT) activan patrones de conducta como contra-ataques de riposta (CAR).

Tabla 4.30. Análisis secuencial prospectivo de las conductas definidas.

CC	R+1	R+3
pP	ADC (2.61)	ADC (2.37)
xFT	CAR (2.16)	DE (4.00)
xTT	CAR (3.70)	Ø
Chi2	**50.9967**	**86.2670**
gl	**26**	**65**
p	**0.002**	**0.039**

Nota: **Chi^2** = Chi cuadrado de Pearson; **gl** = Grados de libertad; **p** = Valor aproximado.

4.3.1.6. Patrones de *modos de ejecución de las defensas* y *tipos de ataques-defensas* (retrospectivos)

La Tabla 4.31 expone los registros secuenciales retrospectivos de las transiciones de las conductas del criterio *modos de ejecución de las defensas* y las conductas condicionadas del criterio *tipos de ataques-defensas*. En dicha tabla podemos destacar que las defensas de piernas por predominio de pasos y giros (PpPG), de piernas por predominio de giros (PpG), de piernas por predominio de paso (PpP), por predominio de circunducción del tronco (pCT), por predominio de flexión del tronco (pFT), por predominio de torsión del tronco (pTT), por predominio de desvío (pD), defensas de piernas por giros (PxG), por circunducción del tronco (xCT) y por flexión del tronco (xFT) no activan patrones de conducta de ningún tipo de ataque; las defensas por predominio de parada (pP) activan patrones de conducta que transitan de ataques directos compuestos (ADC); las defensas por torsión del tronco (xTT), por desvío (xD) y por parada (xP) activan conductas en forma de ataques directos simples (ADS).

Tabla 4.31. Análisis secuencial retrospectivo de las conductas definidas.

R-1	CC
ADC (12.67)	pP
ADS (2.73)	xTT
ADS (7.04)	xD
ADS (2.27)	xP
260.7938	**Chi2**
39	**gl**
0.000	**p**

Nota: **Chi**^{2} = Chi cuadrado de Pearson; **gl** = Grados de libertad; **p** = Valor aproximado.

4.3.1.7. Patrones de *tipos de ataques-defensas* y *modos de ejecución de los ataques* (prospectivos)

En la Tabla 4.32 se presentan los registros secuenciales prospectivos de las transiciones de las conductas del criterio *tipos de ataques-defensas* y las conductas condicionadas del criterio *modos de ejecución de los ataques.* En dicha tabla podemos destacar que de los ataques directos simples (ADS) se activan patrones de conducta en forma de golpes rectos (R); los ataques directos compuestos (ADC) no activan ningún patrón de conducta ofensivo; con los contra-ataques de riposta (CAR) se activan patrones de conducta en forma de golpes rectos (R); igualmente en el caso de los contra-ataques de encuentro (CAE) se activan patrones de conducta con golpes rectos (R).

Tabla 4.32. Análisis secuencial prospectivo de las conductas definidas.

CC	R+1	R+2	R+3	R+4
ADS	Ø	R (3.45)	R (4.10)	R (2.58)
CAR	R (2.02)	Ø	Ø	Ø
CAE	R (2.18)	Ø	Ø	Ø
Chi2	**49.1669**	**43.7864**	**49.0688**	**58.0725**
gl	**27**	**27**	**27**	**27**
p	**0.005**	**0.021**	**0.005**	**0.000**

Nota: **Chi**^{2} = Chi cuadrado de Pearson; **gl** = Grados de libertad; **p** = Valor aproximado.

4.3.1.8. Patrones de *tipos de ataques-defensas* y *modos de ejecución de los ataques* (retrospectivos)

La tabla 4.33 expone los registros secuenciales retrospectivos de las transiciones de las conductas del criterio *tipos de ataques-defensas* y las conductas condicionadas del criterio *modos de ejecución de los ataques*. En dicha tabla podemos destacar que de los ataques directos simples (ADS) y los ataques directos compuestos (ADC) no se activa ningún patrón de conducta; los contra-ataques de riposta (CAR) activan patrones de conducta con golpes rectos (R); los contra-ataques de encuentro (CAE) activan patrones de conducta en forma de golpes rectos (R).

Tabla 4.33. Análisis secuencial retrospectivo de las conductas definidas.

R-2	R-1	CC
R (2.05)	Ø	CAR
Ø	R (7.92)	CAE
66.7963	**86.1495**	**Chi2**
27	**27**	**gl**
0.000	**0.000**	**p**

Nota: **Chi^2** = Chi cuadrado de Pearson; **gl** = Grados de libertad; **p** = Valor aproximado.

4.3.1.9. Patrones de *tipos de ataques-defensas* y *modos de ejecución de las defensas* (prospectivos)

En la Tabla 4.34 se muestran los registros secuenciales prospectivos de las transiciones de las conductas del criterio *tipos de ataques-defensas* y las conductas condicionadas del criterio *modos de ejecución de las defensas*. En la referida tabla podemos destacar que los ataques directos simples (ADS) activan patrones de conducta por defensas de desvío (xD) y por paradas (xP); los ataques directos compuestos (ADC) y los contra-ataques al encuentro (CAE) no activan ningún patrón de conducta; los contra-ataques de riposta (CAR) activan patrones de conducta en forma de defensas de piernas por pasos (PxP). Las defensas de afrontamiento (DA) y las defensas de esquivas (DE) no activan tampoco ningún patrón defensivo.

Tabla 4.34. Análisis secuencial prospectivo de las conductas definidas.

CC	R+1
ADS	xD (7.04) xP (2.27)
CAR	PxP (2.22)
Chi2	260.7938
gl	39
p	0.000

Nota: **Chi^2** = Chi cuadrado de Pearson; **gl** = Grados de libertad; **p** = Valor aproximado.

4.3.1.10. Patrones de *tipos de ataques-defensas* y *modos de ejecución de las defensas* (retrospectivos)

La Tabla 4.35 presenta los registros secuenciales retrospectivos de las transiciones de las conductas del criterio *tipos de ataques-defensas* y las conductas condicionadas del criterio *modos de ejecución de las defensas*, en la referida tabla podemos destacar que los ataques directos simples (ADS) y ataques directos compuestos (ADC) no activan patrones de conducta defensivas; los contra-ataques de riposta (CAR) activan patrones de conducta con defensas del tronco por flexión (xFT); los contra-ataques de encuentro (CAE) no activan patrones de conducta defensivas; igualmente con las defensas de afrontamiento (DA) y las esquivas (DE) no se activa ningún patrón de conducta a través de ninguna acción defensiva.

Tabla 4.35. Análisis secuencial retrospectivo de las conductas definidas.

R-1	**CC**
xFT (2.16)	CAR
50.9967	**Chi2**
26	**gl**
0.002	**p**

Nota: **Chi^2** = Chi cuadrado de Pearson; **gl** = Grados de libertad; **p** = Valor aproximado.

4.3.1.11. Patrones de *distancia de combate* y *modos de ejecución de los ataques* (prospectivos)

En la Tabla 4.36 se recogen los registros secuenciales prospectivos de las transiciones de las conductas del criterio *distancia de combate* y las conductas condicionadas del criterio *modos de ejecución de los ataques*. En la referida tabla podemos destacar que desde la distancia extra-larga (X), la distancia media (M), la distancia corta (C) y la distancia cuerpo a cuerpo (K) no se activa ningún patrón de conducta; en la distancia larga (L) se activan patrones de conducta en forma de golpes rectos (R).

Tabla 4.36. Análisis secuencial prospectivo de las conductas definidas.

CC	R+1
L	R (2.21)
Chi2	**113.9446**
gl	**36**
p	**0.000**

Nota: **Chi²** = Chi cuadrado de Pearson; **gl** = Grados de libertad; **p** = Valor aproximado.

4.3.1.12. Patrones de *distancia de combate* y *modos de ejecución de los ataques* (retrospectivos)

La Tabla 4.37 recoge los registros secuenciales retrospectivos de las transiciones de las conductas del criterio *distancia de combate* y las conductas condicionadas del criterio *modos de ejecución de los ataques*. En la referida tabla destacamos que desde la distancia extra-larga (X), la distancia media (M), la distancia corta (C) y la distancia cuerpo a cuerpo (K) no se activa ningún patrón de conducta; en la distancia larga (L) se activa patrones de conducta por medio de los golpes rectos (R).

Tabla 4.37. Análisis secuencial retrospectivo de las conductas definidas.

R-1	CC
R (6.77)	L
159.6814	**Chi2**
36	**gl**
0.000	**p**

Nota: **Chi²** = Chi cuadrado de Pearson; **gl** = Grados de libertad; **p** = Valor aproximado.

4.3.1.13. Patrones de *distancia de combate* y *modos de ejecución de las defensas* (prospectivos)

La Tabla 4.38 presenta los registros secuenciales prospectivos de las transiciones de las conductas del criterio *distancia de combate* y las conductas condicionadas del criterio *modos de ejecución de las defensas*. De esta tabla podemos destacar que desde la distancia extra-larga (X), la distancia media (M), la distancia corta (C) y la distancia cuerpo a cuerpo (K) no se activan patrones de conducta defensivos. En la distancia larga (L) se activan patrones de conducta con acciones defensivas por desvío (xD).

Tabla 4.38. Análisis secuencial prospectivo de las conductas definidas.

CC	**R+1**
L	xD (2.58)
Chi2	**104.7644**
gl	**52**
p	**0.001**

Nota: **Chi²** = Chi cuadrado de Pearson; **gl** = Grados de libertad; **p** = Valor aproximado.

4.3.1.14. Patrones de *distancia de combate* y *modos de ejecución de las defensas* (retrospectivos)

La Tabla 4.39 recoge los registros secuenciales retrospectivos de las transiciones de las conductas del criterio *distancia de combate* y las conductas condicionadas del criterio *modos de ejecución de las defensas*. De esta tabla podemos destacar que desde la distancia extra-larga (X) se activan patrones de conducta defensivos de piernas por pasos (PxP); desde la distancia larga (L) se activan patrones de conducta defensivos que transitan de defensas por desvío (xD) a defensas de piernas por pasos (PxP). Desde la distancia corta (C), media (M) y cuerpo a cuerpo (K) no se activan patrones de conducta defensivos.

Tabla 4.39. Análisis secuencial retrospectivo de las conductas definidas.

R-3	R-1	CC
Ø	PxP (3.06)	X
PxP (2.03)	xD (2.12)	L
162.4534	**86.7086**	**Chi2**
52	**52**	**gl**
0.000	**0.001**	**p**

Nota: **Chi^2** = Chi cuadrado de Pearson; **gl** = Grados de libertad; **p** = Valor aproximado.

4.3.2. Patrones inhibitorios

4.3.2.1. Patrones de *distancia de combate* y *tipos de ataques-defensas* (prospectivos)

La Tabla 4.40 expone los registros secuenciales prospectivos inhibitorios de las transiciones de las conductas del criterio *distancia de combate* y las conductas condicionadas del criterio *tipos de ataques-defensas*. En la referida tabla podemos destacar que desde la distancia extra-larga (X) se inhiben la presencia de conductas defensivas de afrontamiento (DA) y de esquivas (DE); desde la distancia larga (L) se activan patrones inhibitorios de conductas de ataques directos simples (ADS) y compuestos (ADC) y defensas de afrontamiento (DA) para el segundo de los retardos; desde las distancias medias (M) se activan patrones inhibitorios de conductas en forma de defensas de esquivas (DE); desde la distancia corta (C) se inhiben la presencia de transiciones hacia conductas de defensas de esquiva (DE) y ataques directos simples (ADS) para el segundo retardo. Destacamos también que no ha ocurrido ningún tipo de patrón de ataque o defensa en la distancia cuerpo a cuerpo (K).

Tabla 4.40. Análisis secuencial prospectivo de las conductas definidas.

CC	R+1	R+2
X	DA (-3.94) DE (-3.39)	Ø
L	ADS (-5.21) ADC (-3.29)	DA (-2.62)
M	DE (-5.83)	Ø
C	DE (-2.38)	ADS (-2.15)
Chi2	**228.7807**	**48.3383**
gl	**20**	**20**
p	**0.000**	**0.000**

Nota: **Chi²** = Chi cuadrado de Pearson; **gl** = Grados de libertad; **p** = Valor aproximado.

4.3.2.2. Patrones de *distancia de combate* y *tipos de ataques-defensas* (retrospectivos)

La Tabla 4.41 muestra los registros secuenciales retrospectivos inhibitorios de las transiciones de las conductas del criterio *distancia de combate* y las conductas condicionadas del criterio *tipos de ataques-defensas*. De dicha tabla podemos destacar que desde la distancia extra-larga (X) se activan patrones inhibitorios de conductas de ataques directos simples (ADS); desde la distancia larga (L) se inhiben las transiciones hacia defensas de esquiva (DE); desde la distancia corta (C) se inhiben la presencia conducta en forma de ataques directos simples (ADS). Por otro lado, desde la distancia media (M) y la distancia cuerpo a cuerpo (K) no se activa ningún patrón inhibitorio de conducta ofensivo ni defensivo.

Tabla 4.41. Análisis secuencial retrospectivo de las conductas definidas.

R-1	CC
ADS (-2.32)	X
DE (-2.74)	L
ADS (-3.48)	C
43.9050	**Chi2**
20	**gl**
0.001	**p**

Nota: **Chi²** = Chi cuadrado de Pearson; **gl** = Grados de libertad; **p** = Valor aproximado.

4.3.2.3. Patrones de *modos de ejecución de los ataques* y *tipos de ataques-defensas* (prospectivos)

En la Tabla 4.42 se presentan los registros secuenciales prospectivos inhibitorios de las transiciones de las conductas del criterio *modo de ejecución de los ataques* y las conductas condicionadas del criterio *tipos de ataques-defensas*. En dicha tabla podemos destacar que los golpes rectos (R) activan la inhibición en la transición hacia conductas de ataques directos compuestos (ADC), llegando hasta el retardo 5º; los golpes de gancho (G) activan patrones inhibitorios de conductas con ataques directos compuestos (ADC) en el retardo 2; con los golpes cruzados (Cr) no se registra ningún patrón inhibitorio de conducta ofensivo; la combinación con predominio de rectos (pR) activa un patrón inhibitorio con las conductas de ataques directos simples (ADS) a contra-ataques de riposta (CAR); la combinación con predominio de ganchos (pG) con predominio de cruzado (pCr) y las combinaciones de golpes rectos-ganchos (RG) no activan patrones inhibitorios; las combinaciones de golpes ganchos-cruzados (GCr) y las combinaciones de golpes rectos-cruzados (RCr) inhiben la presencia de conductas en forma de contra-ataques de riposta (CAR); las combinaciones de golpes rectos-cruzados-ganchos (RCG) activan la inhibición de las conductas en forma de contra-ataques de riposta (CAR) para el segundo de los retardos y los ataques directos simples (ADS) para el cuarto.

Tabla 4.42. Análisis secuencial prospectivo de las conductas definidas.

CC	R+1	R+2	R+4	R+5
R	ADC (-4.26)	ADC (-2.61)	ADC (-5.34)	ADC (-2.23)
G	Ø	ADC (-2.13)	Ø	ADC (-2.51)
pR	Ø	ADS (-3.94)	CAR (-2.61) ADS (-2.59)	ADS (-2.24)
GCr	Ø	CAR (-1.87)	Ø	Ø
RCr	Ø	CAR (-2.20)	Ø	ADS (-1.97)
RCG	Ø	CAR (-2.26)	ADS (-2.97)	Ø
Chi2	**86.1495**	**66.7963**	**59.6023**	**45.0994**
gl	**27**	**27**	**27**	**27**
p	**0.000**	**0.000**	**0.000**	**0.015**

Nota: **Chi^2** = Chi cuadrado de Pearson; **gl** = Grados de libertad; **p** = Valor aproximado.

4.3.2.4. Patrones de *modos de ejecución de los ataques* y *tipos de ataques-defensas* (retrospectivos)

En la Tabla 4.43 se presentan los registros secuenciales retrospectivos inhibitorios de las transiciones de las conductas del criterio *modo de ejecución de los ataques* y las conductas condicionadas del criterio *tipos de ataques defensas*. En dicha tabla podemos destacar que los golpes rectos (R) activan la presencia de un patrón inhibitorio formado con la conducta ataques directos compuestos (ADC) para los 5 retardos negativos; los golpes de gancho (G), los golpes cruzados (Cr), las combinaciones de golpes rectos-ganchos (RG) y rectos-cruzados-ganchos (RCG) no activan patrones inhibitorios; la combinación con predominio de rectos (pR) a partir del primer retardo negativo activa la inhibición de la conducta ataques directos simples (ADS) hasta el retardo menos 5; ganchos-cruzados (GCr) y rectos-cruzados (RCr) activan patrones inhibitorios de las conductas ataques directos simples (ADS).

Tabla 4.43. Análisis secuencial retrospectivo de las conductas definidas.

R-5	R-4	R-3	R-2	R-1	CC
ADC (-3.54)	ADC (-3.17)	ADC (-4.50)	ADC (-3.43)	ADC (-2.77)	R
ADS (-2.49)	ADS (-3.06)	ADS (-3.46)	ADS (-2.97)	Ø	pR
Ø	Ø	Ø	Ø	ADS (-1.98)	GCr
ADS (-2.49)	Ø	Ø	ADS (-2.73)	Ø	RCr
46.6451	**58.0725**	**49.0688**	**43.7864**	**49.1669**	**Chi2**
27	**27**	**27**	**27**	**27**	**gl**
0.010	**0.000**	**0.005**	**0.021**	**0.005**	**p**

Nota: **Chi^2** = Chi cuadrado de Pearson; **gl** = Grados de libertad; **p** = Valor aproximado.

4.3.2.5. Patrones de *modos de ejecución de las defensas* y *tipos de ataques-defensas* (prospectivos)

La Tabla 4.44 expone los registros secuenciales prospectivos inhibitorios de las transiciones de las conductas del criterio *modos de ejecución de las defensas* y las conductas condicionadas del criterio *tipos de ataques-defensas*. En dicha tabla podemos destacar que de las defensas de piernas por predominio de pasos y giros (PpPG), las defensas de piernas por giros (PxG), predominio de giros (PpG), de pasos (PxP) y por predominio de pasos

(PpP), del tronco por circundicción (xCT) y su predominio de circunducción (pCT) y flexión del tronco (pFT), del por predominio por torsión del tronco (pTT), del por predominio de desvíos (pD) y paradas (pP), por desvío (xD), por flexión del tronco (xFT) y por parada (xP) no activan la transición inhibitoria de ningún tipo de ataque ni de defensa. Las defensas por torsión del tronco (xTT) activan la inhibición para el retardo 1 de los ataques directos compuestos (ADC).

Tabla 4.44. Análisis secuencial prospectivo de las conductas definidas.

CC	**R+1**
xTT	ADC (-2.00)
Chi2	**80.9967**
gl	**26**
p	**0.000**

Nota: **Chi²** = Chi cuadrado de Pearson; **gl** = Grados de libertad; **p** = Valor aproximado.

4.3.2.6. Patrones de *modos de ejecución de las defensas* y *tipos de ataques-defensas* (retrospectivos)

La Tabla 4.45 expone los registros secuenciales retrospectivos inhibitorios de las transiciones de las conductas del criterio *modos de ejecución de las defensas* y las conductas condicionadas del criterio *tipos de ataques-defensas*. En dicha tabla podemos destacar que de las defensas de piernas por predominio de pasos y giros (PpPG), las defensas de piernas por predominio de giros (PpG), las defensas de piernas por predominio de paso (PpP), las defensas del tronco por predominio de circunducción (pCT), las defensas de predominio por flexión del tronco (pFT), las defensas de predominio por torsión del tronco (pTT), las defensas por predominio de desvío (pD), las defensas de piernas por giros (PxG), las defensas por circunducción del tronco (xCT) y defensas por parada (xP) no inhiben ningún patrón de conducta; con las defensas por predominio de paradas (pP) se inhiben patrones de conducta ofensivos en forma de ataques directos simples (ADS); las defensas de pierna por pasos (PxG) inhiben patrones de conducta ofensivos en forma de ataques directos simples (ADS); las defensas por flexión del tronco (xFT) inhiben patrones de conducta ofensivos en forma de ataques directos compuestos (ADC); igualmente las defensas por torsión del tronco (xTT) y por desvío (xD) se inhiben patrones de conducta en forma de ataques directos compuestos (ADC).

Tabla 4.45. Análisis secuencial retrospectivo de las conductas definidas.

R-1	CC
ADS (-11.41)	pP
ADS (-2.96)	PxP
ADC (-2.46)	xFT
ADC (-2.46)	xTT
ADC (-6.27)	xD
260.7938	**Chi2**
39	**gl**
0.000	**p**

Nota: **Chi²** = Chi cuadrado de Pearson; **gl** = Grados de libertad; **p** = Valor aproximado.

4.3.2.7. Patrones de *tipos de ataques-defensas* y *modos de ejecución de los ataques* (prospectivos)

En la Tabla 4.46 se presentan los registros secuenciales prospectivos inhibitorios de las transiciones de las conductas del criterio *tipos de ataques-defensas* y las conductas condicionadas del criterio *modos de ejecución de los ataques*. En dicha tabla podemos destacar que de los ataques directos simples (ADS), con los contra-ataques de riposta (CAR), con los contra-ataques de encuentro (CAE), las defensas de esquiva (DE) y las defensas de afrontamiento (DA) no activan ningún patrón inhibitorio de conducta. Los ataques directos compuestos (ADC) activan la inhibición de transiciones de conductas de golpes rectos (R).

Tabla 4.46. Análisis secuencial prospectivo de las conductas definidas.

CC	R+1	R+2	R+3	R+4	R+5
ADC	R (-2.77)	R (-3.43)	R (-4.50)	R (-3.17)	R (-3.54)
Chi2	**49.1669**	**43.7864**	**49.0688**	**58.0725**	**46.6451**
gl	**27**	**27**	**27**	**27**	**27**
p	**0.005**	**0.021**	**0.005**	**0.000**	**0.010**

Nota: **Chi²** = Chi cuadrado de Pearson; gl = Grados de libertad; **p** = Valor aproximado.

4.3.2.8. Patrones de *tipos de ataques-defensas* y *modos de ejecución de los ataques* (retrospectivos)

La tabla 4.47 expone los registros secuenciales retrospectivos inhibitorios de las transiciones de las conductas del criterio *tipos de ataques-defensas* y las conductas condicionadas del criterio *modos de ejecución de los ataques*. En dicha tabla podemos destacar que de los ataques directos simples (ADS), los contra-ataques de riposta (CAR), los contra-ataques de encuentro (CAE) no activan ningún patrón inhibitorio de conducta. Los ataques directos compuestos (ADC) inactivan la transición desde golpes rectos (R).

Tabla 4.47. Análisis secuencial retrospectivo de las conductas definidas.

R-5	**R-4**	**R-2**	**R-1**	**CC**
R (-2.23)	R (-5.34)	R (-2.61)	R (-4.26)	ADC
45.0994	**59.6023**	**66.7963**	**86.1495**	**Chi2**
27	**27**	**27**	**27**	**gl**
0.015	**0.000**	**0.000**	**0.000**	**p**

Nota: **Chi^2** = Chi cuadrado de Pearson; **gl** = Grados de libertad; **p** = Valor aproximado.

4.3.2.9. Patrones de *tipos de ataques-defensas* y *modos de ejecución de las defensas* (prospectivos)

En la Tabla 4.48 se muestran los registros secuenciales prospectivos inhibitorios de las transiciones de las conductas del criterio *tipos de ataques-defensas* y las conductas condicionadas del criterio *modos de ejecución de las defensas*. En la referida tabla podemos destacar que los ataques directos simples (ADS) activan patrones inhibitorios de conducta de defensas de piernas por pasos (PxP); con los ataques directos compuestos (ADC) se inhiben transiciones de conductas defensivas por flexión del tronco (xFT) y en los contra-ataques de riposta (CAR) se activa la inhibición de las defensas de desvío (xD). Además, los contra-ataques al encuentro (CAE), las defensas de afrontamiento (DA) y de esquivas (DE) no activan ningún patrón inhibitorio defensivo.

Tabla 4.48. Análisis secuencial prospectivo de la relación de las conductas definidas.

CC	R+1
ADS	PxP (-2.96)
ADC	xFT (-2.46)
CAR	xD (-2.42)
Chi2	**260.7938**
gl	**39**
p	**0.000**

Nota: **Chi²** = Chi cuadrado de Pearson; **gl** = Grados de libertad; **p** = Valor aproximado.

4.3.2.10. Patrones de *tipos de ataques-defensas* y *modos de ejecución de las defensas* (retrospectivos)

En los registros secuenciales retrospectivos inhibitorios de las transiciones de las conductas del criterio *tipos de ataques-defensas* y las conductas condicionadas del criterio *modos de ejecución de las defensas,* destacamos que: de los ataques directos simples (ADS), los contra-ataques de riposta (CAR), los contra-ataques de encuentro (CAE), los ataques directos compuestos (ADC), las defensas de esquivas y defensas de afrontamiento no activan ningún patrón inhibitorio de conducta.

4.3.2.11. Patrones de *distancia de combate* y *modos de ejecución de los ataques* (prospectivos)

En la Tabla 4.49 se recogen los registros secuenciales prospectivos inhibitorios de las transiciones de las conductas del criterio *distancia de combate* y las conductas condicionadas del criterio *modos de ejecución de los ataques*. En la referida tabla podemos destacar que desde la distancia media de combate (M) se activan patrones inhibitorios de conductas por golpes rectos (R). Por el contrario desde las distancia extra-larga (X), larga (L), corta (C) y cuerpo a cuerpo (K) no se activan inhibiciones de ningún modo de ejecución ofensiva.

Tabla 4.49. Análisis secuencial prospectivo de las conductas definidas.

CC	R+1	R+5
M	R (-2.67)	Ø
Chi2	**113.9446**	**65.5579**
gl	**36**	**36**
p	**0.000**	**0.001**

Nota: **Chi²** = Chi cuadrado de Pearson; **gl** = Grados de libertad; **p** = Valor aproximado.

4.3.2.12. Patrones de *distancia de combate* y *modos de ejecución de los ataques* (retrospectivos)

La Tabla 4.50 exhibe los registros secuenciales retrospectivos inhibitorios de las transiciones de las conductas del criterio *distancia de combate* y las conductas condicionadas del criterio *modos de ejecución de los ataques.* En la referida tabla podemos destacar que desde la distancia extra-larga (X), la distancia larga (L) y la distancia de combate cuerpo a cuerpo (K) no se activa ningún patrón inhibitorio de conducta. Desde la distancia media (M) y corta (C) de combate se inhiben transiciones de golpes rectos (R).

Tabla 4.50. Análisis secuencial retrospectivo de las conductas definidas.

R-2	R-1	CC
Ø	R (-4.05)	M
R (-2.99)	R (-5.42)	C
54.3210	**159.6814**	**Chi2**
36	**36**	**gl**
0.025	**0.000**	**p**

Nota: **Chi²** = Chi cuadrado de Pearson; **gl** = Grados de libertad; **p** = Valor aproximado.

4.3.2.13. Patrones de *distancia de combate* y *modos de ejecución de las defensas* (prospectivos)

La Tabla 4.51 presenta los registros secuenciales prospectivos inhibitorios de las transiciones de las conductas del criterio *distancia de combate* y las conductas condicionadas del criterio *modos de ejecución de las defensas*. De esta tabla podemos destacar que desde la distancia extra-larga (X), larga (L), corta (C) y cuerpo a cuerpo (K) no se activan inhibiciones en ningún modo de ejecución ofensiva. Desde la distancia media (M) se activan patrones inhibitorios de conducta por desvío (xD).

Tabla 4.51. Análisis secuencial prospectivo de las conductas definidas.

CC	**R+1**
M	xD (-2.32)
Chi2	**104.7644**
gl	**52**
p	**0.000**

Nota: **Chi²** = Chi cuadrado de Pearson; **gl** = Grados de libertad; **p** = Valor aproximado.

4.3.2.14. Patrones de *distancia de combate* y *modos de ejecución de las defensas* (retrospectivos)

La Tabla 4.52 recoge los registros secuenciales retrospectivos inhibitorios de las transiciones de las conductas del criterio *distancia de combate* y las conductas condicionadas del criterio *modos de ejecución de las defensas*. De esta tabla podemos destacar que desde la distancia extra-larga (X), larga (L) no se activan patrones inhibitorios de conductas defensivas. Por el contrario, desde la distancia media (M) se inhiben transiciones desde conductas de defensas de piernas por pasos (PxP).

Tabla 4.52. Análisis secuencial retrospectivo de las conductas definidas.

R-1	**CC**
PxP (-2.42)	M
86.7086	**Chi2**
52	**gl**
0.000	**p**

Nota: **Chi²** = Chi cuadrado de Pearson; **gl** = Grados de libertad; **p** = Valor aproximado.

4.4. RESUMEN DE LOS PATRONES EXCITATORIOS E INHIBITORIOS

Por último, y a modo de resumen, se presentan cuatro tablas que engloban todos los patrones estimados para el boxeo de rendimiento con sus cuatro orientaciones: patrones excitatorios prospectivos (ver Tabla 4.53) y retrospectivos (ver Tabla 4.54) por un lado, y patrones inhibitorios prospectivos (ver Tabla 4.55) y retrospectivos (ver Tabla 4.56) por otro.

Se han estimado un total de 70 patrones de conducta distribuidos de la siguiente manera: 18 patrones excitatorios prospectivos, 18 patrones excitatorios retrospectivos, 17 patrones inhibitorios prospectivos y 17 patrones inhibitorios retrospectivos. Dichos patrones estimados surgen de entre todo el bagaje de transiciones posibles que se pueden dar a partir de la herramienta de observación SOBOX y que está configurado por los criterios: *Distancia de combate y tipos de ataques-defensas, Modos de ataques y tipos de ataques-defensas, Modos de defensas y tipos de ataques-defensas, Tipos de ataques y modos de ataques, Tipos de defensas y modos de defensas, Distancia de combate y modos de ataques* y *Distancia de combate y modos de defensas.*

Como puede apreciarse en estas últimas cuatro tablas resumen la mayoría de los patrones estimados son cortos y lineales, es decir, se quedan en el primero o segundo retardo y no se bifurcan. Así por ejemplo, únicamente en siete ocasiones de todos los patrones configurados existe una bifurcación, lo que daría pie a disponer de dos itinerarios posibles para esos patrones de las conductas: X, L y ADS en el plano prospectivo excitatorio, C en el plano retrospectivo excitatorio y, X, L y pR en el plano prospectivo inhibitorio. De los 70 patrones en 43 de ellos el *max lag* ha sido el retardo 1 (positivo o negativo según la perspectiva considerada); mientras que únicamente 8 patrones han llegado hasta el *max lag* de 5 y cuatro más al retardo 4º, 12 en total. En algunos casos también hemos podido constatar ausencia de transiciones activadoras o inhibidoras en alguno de los retardos intermedios.

Tabla 4.54. Resumen de los patrones excitatorios prospectivos.

Conducta criterio	**Conductas condicionadas**			
	R+1	**R+2**	**R+3**	**R+4**
Distancia de combate	Tipos de ataques y defensas			
X	ADS ADC	DE		
L	DE DA			
M	ADS			
Modos de ataques	Tipos de ataques y defensas			
R	CAR	ADS		
G	ADS			
pR	ADC	ADC	ADC	ADC
RCr	ADC	ADC	ADC	
RCG	ADC	ADC	ADC	
Modos de defensas	Tipos de ataques y defensas			
pP	ADC	ADC		
xFT	CAR	DE		
xTT	CAR			
Tipos de ataques y defensas	Modos de ataques			
ADS	R	R	R	
CAR	R	R		
CAE	R			
Tipos de ataques y defensas	Modos de defensas			
ADS	xD xP			
CAR	PxP			
CAE	xFT			
Distancia de combate	Modos de ataques			
L	R			
Distancia de combate	Modos de defensas			
L	xD			

Tabla 4.55. Resumen de los patrones excitatorios retrospectivos.

Conducta criterio	**Conductas condicionadas**				
	R+1	**R+2**	**R+3**	**R+4**	**R+5**
Distancia de combate	Tipos de ataques y defensas				
X	DE				
L	ADS				
C	ADC DE				
Modos de ataques	Tipos de ataques y defensas				
R	CAR	ADS	ADS	ADS	CAR
Cr	ADS				
pR	ADC	ADC	ADC	ADC	
RG	ADC				
GCr	ADC				
RCr	ADC	ADC			
RCG	ADC				
Modos de defensas	Tipos de ataques y defensas				
pP	ADC	ADC			
PxP	DA				
xTT	ADS				
xD	ADS				
xP	ADS				
Tipos de ataques y defensas	Modos de ataques				
ADS	R				
CAR	R				
CAE	R	R			
Tipos de ataques y defensas	Modos de defensas				
CAR	xFT				
DE	xFT				
Distancia de combate	Modos de ataques				
L	R				
Distancia de combate	Modos de defensas				
X	PxP	PxP			
L	xD				
M	xP				

Tabla 4.56. Resumen de los patrones inhibitorios prospectivos.

Conducta criterio	**Conductas condicionadas**			
	R+1	**R+2**	**R+3**	**R+4**
Distancia de combate	Tipos de ataques y defensas			
X	DA DE			
L	ADS ADC	DA		
M	DE			
C	DE	ADS		
Modos de ataques	Tipos de ataques y defensas			
R	ADC	ADC	ADC	ADC
G	ADC	ADC		
pR	ADS	CAR ADS	ADS	
RG	ADS			
GCr	CAR			
RCr	CAR	ADS		
RCG	CAR	ADS		
Modos de defensas	Tipos de ataques y defensas			
xFT	ADC			
xTT	ADC			
Tipos de ataques y defensas	Modos de ataques			
ADC	R	R	R	R
Tipos de ataques y defensas	Modos de defensas			
ADS	PxP			
ADC	xFT			
CAR	xD			
DE	xP			
Distancia de combate	Modos de ataques			
X	R			
M	R			
Distancia de combate	Modos de defensas			
M	xD			

Tabla 4.57. Resumen de los patrones inhibitorios retrospectivos.

Conducta criterio	**Conductas condicionadas**				
	R+1	**R+2**	**R+3**	**R+4**	**R+5**
Distancia de combate	Tipos de ataques y defensas				
X	ADS				
L	DE				
C	ADS				
Modos de ataques	Tipos de ataques y defensas				
R	ADC	ADC	ADC	ADC	ADC
Cr	ADC				
pR	ADS	ADS	ADS	ADS	
RG	ADS				
GCr	ADS				
RCr	ADS	ADS			
RCG	ADS				
Modos de defensas	Tipos de ataques y defensas				
pP	ADS				
PxP	ADS				
xFT	ADC				
xTT	ADC				
xD	ADC				
xP	DE				
Tipos de ataques y defensas	Modos de ataques				
ADC	R	R	R	R	
Tipos de ataques y defensas	Modos de defensas				
ADC	xFT				
Distancia de combate	Modos de ataques				
M	R				
C	R	R			
Distancia de combate	Modos de defensas				
M	PxP				

CAPITULO V.
Reflexiones finales sobre el SOBOX

Este capítulo está conformado por tres apartados en los cuales se expondrán los resultados obtenidos de los grupos de discusión desarrollados sobre el SOBOX; la discusión que se ha realizado a partir de la triangulación de los precedentes investigativos, la elaboración de la herramienta observacional SOBOX y los análisis resultantes (descriptivos y secuenciales), así como del discurso interpretativo obtenido a partir de las conversaciones mantenidas en los grupos de discusión. En el último apartado se exponen las aportaciones que ofrece el SOBOX.

5.1. GRUPOS DE DISCUSIÓN SOBRE EL SOBOX

El grupo de discusión "puede ser definido como una conversación cuidadosamente planeada. Diseñada para obtener información de un área definida de interés" (Krueger, 1988, p. 24). Como señala este propio autor "el objeto del grupo de discusión es provocar autoconfesiones en los participantes" (Krueger, 1988, p. 28). Su empleo tenía como objetivo conocer y explicar la validez de los criterios y categorías de la herramienta de observación propuesta y aplicada en un contexto real, así como de los resultados que arroja la misma.

Destacar que en la composición de los grupos de discusión se conto con la participación de profesionales cubanos de boxeo que nos garantizaron la representatividad deseada, en tal sentido integraron dichos grupos: un ex vice-presidente de la AIBA, dos entrenadores de los equipos nacionales cubanos de boxeo categorías juvenil y sénior, un ex comisionado nacional y presidente de federación de boxeo de Cuba por 15 años, un ex boxeador doble campeón mundial (Tamperé, 1993 y Berlín, 1995) y olímpico (Barcelona, 1992 y Atlanta, 1996), un ex boxeador subcampeón olímpico (Montreal, 1976), un árbitro internacional de la AIBA que ha participado en tres olimpiadas (México, 1968; Munich, 1972 y Montreal, 1976) un metodólogo provincial y tres entrenadores de boxeo del alto rendimiento provincial.

Los resultados que se describen a continuación, han sido fruto de las lecturas e inferencias realizadas por el autor de los textos compuestos por las aportaciones dadas por los expertos consultados, con el fin de comprender el discurso. Después de este proceso de análisis se ha establecido un orden y una estructura que han dado sentido a las conversaciones mantenidas. Este orden cobra sentido si atendemos a los objetivos específicos propuestos, los cuales buscan orientar la labor del investigador y el sentido de las conversaciones hacia el análisis y la descripción de las acciones técnico-tácticas del boxeo.

A continuación se exponen los resultados del análisis de discurso, manteniendo los tres grandes bloques de categorías que se han utilizado durante la consecución de las diferentes reuniones mantenidas con los expertos:

- Caracterización mundial del boxeo de rendimiento
- Criterios y categorías de la herramienta observacional SOBOX
- Resultados de la aplicación de la herramienta observacional SOBOX

Para comprender mejor las inferencias efectuadas por el investigador, se han añadido en cada categoría algunas citas aportadas por los expertos durante las conversaciones mantenidas en los diferentes grupos de discusión.

5.1.1. Caracterización mundial del boxeo de rendimiento

En referencia a la caracterización mundial del boxeo, los criterios apuntan a una diversificación del boxeo, con una tendencia al predominio europeo en las principales competiciones convocadas por la AIBA. Se considera que este deporte se caracteriza por la imposición de la fuerza física y la monotonía en la gestión técnico-táctica. Esta realidad se valora como una consecuencia de la división del antiguo campo socialista y la aparición con mucho empuje y resultados internacionales de países que históricamente no han alcanzado grandes ni regulares resultados como China, Francia, Italia, etc., aunque la principal fuerza se empieza a concentrar en Europa y no en América, como era hace 15 años.

"en este sentido la caracterización del boxeo amateur en el mundo de hoy, hoy el boxeo se ha diversificado tanto a nivel mundial y se han cambiado tanto desde el punto de vista como técnico- táctico"

"hace 10, 15 años la fuerza fundamental del boxeo estaba en América, hoy ya no creo que sea tanto así con la división de la Unión Soviética que todo el mundo conoce que como república era muy fuerte pero bueno había boxeadores de diferentes repúblicas que componían la antigua Unión Soviética, hoy el boxeo en ese nivel tanto en Europa como en Asia ha aumentado mucho no solo por esta parte sino también los franceses, tailandeses"

"hoy el boxeo está con calidad en el mundo entero pero para mí fundamentalmente Europa y muchos países de Asia están tomando la fuerza del boxeo mundial"

"el boxeo mundial actualmente basa su rendimiento en sentido general, mi criterio, sobre la fuerza ha ido cambiando un poco el aspecto técnico-táctico y ha ido predominando más la fuerza y el boxeo europeo"

"pienso que el boxeo que predomina actualmente, para contestar de forma concreta tu pregunta es un boxeo un poco más lento, un poco más torpe, un poco más de fuerza"

Otra característica importante del boxeo amateur mundial es la intención por parte de la AIBA de buscar una integración entre el boxeo amateur y el *rentado* (profesional), facilitando la introducción del boxeo femenino, y con esta intención se han forzado constantes cambios en su reglamentación oficial, como por ejemplo, la instauración de un nuevo sistema de categorías de pesos. Este nuevo sistema se considera innecesario ya que los reajustes van dirigidos a concentrar la calidad boxística con las integraciones de las categorías de pesos, como por ejemplo las integraciones y simplificaciones de las antiguas categorías de pesos: 48 Kg, 51 Kg, 54 Kg, 57 Kg, en las recientes divisiones de 49 Kg, 52 Kg y 56 Kg.

"este sistema de categoría de peso se está pareciendo un poco más a las categorías del boxeo profesional"

"divisiones que más o menos se llevaban poca diferencia y con el objetivo de darle paso al boxeo femenino"

"mi opinión es que es absurdo, que no hay necesidad de cambiar la división, pero bueno eso lo hacen para poner a las mujeres en el boxeo olímpico"

"en este caso en el deporte nuestro se han hecho las reducciones esas del cambio de categoría de divisiones para darle participación al boxeo femenino"

Por otra parte, y como una muestra fehaciente de esta intención de la AIBA, está la organización e instauración de una liga mundial con reglas especiales y desarrollando un funcionamiento a partir del establecimiento de un ranking por categorías de peso, con un campeón a batir (igual que en el boxeo profesional), con una duración de cinco asaltos de tres minutos cada uno, con guantes más ligeros, sin protectores de cabeza y con el torso descubierto. Como dato de interés, los boxeadores participantes encontrarán un incentivo económico y deportivo superior, sin que ello implique ser vetados en su sueño de conquistar la gloria olímpica.

"desde luego esta liga mundial tiene necesariamente un gran fondo económico si fuera peleando con las reglas amateur sencillamente la parte económica se vería afectada por lo menos inicialmente"

"en el boxeo se hace la excepción y se compite con un reglamente o netamente profesional incluso lo más importante de eso es que esos atletas después pierden el derecho a participar en los eventos del calendario internacional amateur"

"pero yo pienso que en el futuro esto tenga que irse arreglando porque una misma federación internacional no puede auspiciar eventos amateur con un reglamento y auspiciar eventos netamente profesionales con otro reglamento y que después esos atletas tengan la potestad, la facultad o el derecho de participar en el evento de aficionados"

"el atleta, el que entrena siempre va a buscar un máximo de rendimiento, tener todo lo que den, el que no tiene todos los títulos no es porque no lo buscó, es que sencillamente no lo alcanzó y entonces el querer participar en la liga, hoy nosotros decimos que no participamos, pero si tú le preguntas a los atletas quizás quieran participar porque hay algo que está por alcanzar y ellos no han alcanzado"

"yo ahí sí discrepo un poco, porque quizás la AIBA quiera desarrollar ese tipo de evento con el objetivo de aguantar un poco el éxodo de boxeadores de calidad, no solo cubanos, sino de varias partes del mundo para garantizar la calidad olímpica, la participación en los juegos olímpicos pero si yo estoy en desacuerdo con las medidas, el reglamento y el sistema competitivo que se va a desarrollar ahí pienso que a la vez que se compita sin cabecera, a la vez que se compita sin camiseta, que se compita 5 asaltos, que se compita con una reglamentación diferenciada y cada vez se va acercando más hacia la profesional, pienso que ya prácticamente que estamos encaminando a los boxeadores hacia ese deporte, prácticamente los estamos preparando para que brinquen ya a ese deporte y yo creo que eso sería lejos de beneficiarlo, sería perjudicial porque pienso que los boxeadores después que participen ahí, que obtengan un rendimiento ,que tengan un resultado y se pruebe y vean que están preparados para poder competir el profesionalismo lo que se van es a ir más y, yo sí creo que esa liga tiene sus desventajas para el boxeo amateur"

En la olimpiada de Londres 2012, la mujer participará por primera vez en la competición boxística, la mayoría lo consideran una realidad de estos tiempos y un derecho de la mujer. No obstante, existen importantes naciones, potencias en este deporte, que aún se resisten a esta nueva apertura, a pesar de que la AIBA lo ha aprobado. Sus federaciones nacionales no permiten su práctica, por ejemplo, la nación cubana.

"el boxeo femenino, yo pienso que la incorporación de nosotros de Cuba, como país, en el boxeo femenino va a ser positiva, pienso que nuestras mujeres tienen excelentes condiciones para boxear"

"el contexto general, como deporte sí es beneficioso la incursión de la mujer en el boxeo. Y yo creo que sí, porque el concepto del mundo de hoy no es el de hace 20 años atrás, y la mujer se ha desarrollado mucho en todas las esferas de la vida, y se debe valorar muy seriamente en muchos países"

"si ya la AIBA lo aprobó es un derecho de las mujeres que deseen hacer boxeo"

"pienso que la mujer puede ayudar mucho en el rendimiento del boxeo"

"sí estoy de acuerdo con la participación del boxeo femenino, pienso que la mujer al igual que el hombre tiene derecho de practicar el deporte que ella decida escoger y está comprobado que la mujer puede practicar su boxeo sin ningún tipo de afección"

En relación al sistema de puntuación moderno, instaurado en el campeonato mundial celebrado en Moscú-89, después de varias incursiones y pruebas en eventos internacionales por invitación, consideran que ha limitado el accionar técnico-táctico y ha simplificado los modos tanto ofensivos como defensivos, dado que todos los ataques van dirigidos a la cabeza y prácticamente no se puntúan los golpes al abdomen y las defensas se resumen al doble bloqueo con los antebrazos. Por tanto, muchos entienden que la introducción de la máquina y la inadecuada visión de los jueces que la manipulan, ha sido un freno para este deporte, considerando que con el anterior sistema de puntuación se premiaba más al atleta que dominaba y al más integral, y, en cambio hoy, se premia al más concreto.

"lo que no tiene duda es que el trabajo con la máquina, como sistema es superior al anterior, como sistema, porque en el anterior tú no tenías forma de evaluar como hoy, porque hoy estás evaluando al hombre por coincidencia y por golpes individuales"

"lo que creo es que ha influido en eso el sistema de trabajo del arbitraje con la máquina de puntuación eso es lo que yo creo que ha ido desluciendo un poco, porque obliga a los atletas o sea no deja que los atletas desarrollen su accionar técnico-táctico sino lo obligan a desarrollar un trabajo monótono para buscar un punto y luego después que marcas el punto pues prácticamente se dedican a defender"

"ha transformado un poco el boxeo porque en el boxeo de antes nosotros mismos teníamos nuestro estilo de danza, dar y que no te den y, ahora todos los boxeadores van con una defensa arriba, boxeadores monótonos, a taparse a cubrirse, a marcar solo un golpecito"

"yo estoy en contra de la máquina sinceramente y, aunque te parezca raro una cosa que tú estás preparando científicamente, también te estoy hablando como boxeador, como entrenador también, yo opino no solamente contra la máquina sino contra el protector de cabeza, yo creo que el sistema anterior de la puntuación era mejor que la misma máquina."

Esta realidad ha dado al traste fundamentalmente con la poca utilización de los golpes ganchos y cruzados, con la consiguiente poca utilización del trabajo en las distancias media, corta y cuerpo a cuerpo, ya que resulta inútil entrenar algo que no da resultado alguno, que no se puntúa ni evalúa durante la realización del ejercicio competitivo en este deporte. Hecho que ha marcado una tendencia internacional, dando pie a una homogeneidad de estilos preferenciales de combates en el mundo del boxeo, dada esta limitación que ha impuesto el nuevo modo de comprensión del sistema de puntuación en este deporte.

"es que el desarrollo científico, el desarrollo técnico, el desarrollo de la tecnología dentro del deporte, antes quizás un boxeador necesitaba una gama de acciones técnico tácticas para poder obtener un resultado grande, con la máquina electrónica los golpes se tiran a la cabeza o sea la gente nada más que tira recto no utilizan los ganchos"

"si tienes un juez y tú trabajas los golpes abajo y el tipo no te lo marca, a nivel mundial no es a nivel de Cuba sencillamente no te marcan los golpes abajo entonces tu preparas al hombre para que te marque en la cabeza no creo que el boxeo haya ido hacia atrás sino que la tecnología lo lleva a buscar un resultado y buscamos resultados como lo obtengamos, como mejor tu obtienes el resultado es en lo que tú te aplicas"

"yo concuerdo con Miranda en estos aspectos, pero me parece que lo que ha ido en contra y lo que ha determinado no es la máquina sino la forma de pensar del entrenador porque Miranda habla de una cosa real por ejemplo no te marcan los ganchos pero sin embargo los ganchos hacen un efecto, ablanda"

"ahora al ponerse en boga por la máquina electrónica, no me vas a marcar a la cabeza pues entonces voy a una defensa válida y ya que nosotros hemos tomado también, no me van a marcar a la cabeza sino de donde sale esa defensa, que antes no se hacía"

"en aquel tiempo la tendencia era igual, era media-corta, corta-media y larga distancia esta tendencia se ha ido quitando por el método de puntuación que ha obligado al boxeador a tener más defensa que golpeo"

"entonces ahora se ha vuelto más monótono, antes la votación por boleta tú peleabas a la distancia que te gustaba a ti y tú ganabas, antes del asalto podías ganar 20 a 19, hacer un buen desplazamiento, con buenos movimientos del torso, del tronco y así sucesivamente peleabas y ganabas el asalto, pero hoy tú te cubres te tiran mil quinientos golpes y si en la pelea sino te dio un golpe efectivo, no te marcan y entonces muchos árbitros te obligan a que tu trabajes así, obligan a que tú no trabajes ninguna distancia"

"yo he visto, yo que he nacido dentro de un ring se puede decir, a un boxeador meterle un gancho a un atleta, meterle un conteo y no marcarle un punto porque no tiene validez ese golpe tiene que ser un recto de derecha"

"la mayoría de los golpes al tórax o al estómago no se cuentan"

"solo vemos a los boxeadores tirar golpes rectos y si tiran cruzados son manotazos y entonces los únicos que tiran con cierto nivel son los rectos, porque hasta los ganchos los tiran mal o los fallan, otra cosa es que el 90 % de los boxeadores pelean en distancia larga sin importar el tamaño que tenga, el somatotipo, las características personales, etc., pero claro, ¿si solo tira golpes rectos en qué distancia va a trabajar?"

"yo hoy en día solo veo a los muchachos pelear fuera distancia porque no es ni distancia larga, ves que le hacen una finta y dan un brinco y se van fuera de distancia"

"hoy ya no hay boxeadores integrales que lo mismo te peleen en la media, que en la distancia corta, etc., y no como en estos días que los boxeadores se ven en la distancia corta y solo atinan a agarrar y agarrar. Yo veo que eso ha limitado al boxeo de estos tiempo"

El sorteo por ranking es la nueva forma de organización de los emparejamientos de los combates en los torneos que, bajo los auspicios de la AIBA, tendrán lugar en el mundo. Hecho que es valorado como muy positivo, pues, en consideración de los expertos, es respetar la calidad y garantizar un orden en el rendimiento. Además, en la medida que se vaya avanzando en el torneo, los combates serán más difíciles. Por otro lado, se evitan las llamadas finales adelantadas y el hecho de que atletas de calidad se queden sin medallas.

"eso creo que es una medida buena el ranking, según el resultado que tengan en los eventos internacionales bien clasificados en el mundo, yo creo que sí, creo que es correcto, gana el boxeo en calidad"

"nosotros siempre fuimos uno de los países que abogamos por eso, pienso que eso es respetar la calidad, pienso que eso es respetar el rendimiento de todos los eventos en los que usted participe, los atletas mejores clasificados pienso que es una lástima que se enfrenten en los primeros combates como ha sucedido en muchos juegos olímpicos, en muchos campeonatos mundiales donde se han ido sin medallas en el primer combate atletas de calidad"

"te puedo poner un ejemplo, ejemplos clave, lo que tengo más en la mente: Múnich 72 ,en Múnich 72 primeramente se enfrentó en los pesos completos Bobby de EEUU con Teófilo Stevenson, el que perdiera de los dos se iba sin medalla, Bobby en ese momento estaba considerado como uno de los mejores del mundo y así era, tanto era así que en el año anterior en los panamericanos de Cali en el 71, él le ganó a Stevenson una pelea reñida, tres jueces votaron a favor uno en contra, pero ahí, en Múnich, Teófilo acabó con él y se fue sin medalla"

5.1.2. El entrenador de boxeo

Dentro de la temática que concierne a la figura del entrenador de este deporte, se consideran las características que distinguen a un entrenador como la de nunca caer en el esquematismo, respetarse, tener un gran espíritu de aprendizaje, superación, un gran amor por la actividad que realiza y una elevada capacidad de analizar y sopesar todos y cada uno de los elementos que rodean una posible decisión. Estos entrenadores no necesariamente tienen que haber cosechado grandes resultados competitivos como atleta para alcanzar la excelencia o el éxito como entrenador, basta solo con una experiencia referencial, vivencial, de las interioridades del deporte y su práctica.

"yo considero que dentro de esas características está el no ser esquemático, debes ser amplio"

"yo opino que la principal característica que debe tener un entrenador es su constante ansia de aprendizaje y superación"

"lo primero que debe ser un entrenador es un estudioso, un estudioso ¿por qué?, porque él debe estudiar a cada uno de los atletas que entrena, cada una de las características de los atletas que entrena, él debe estudiar el boxeo desde el punto de vista nacional, es decir lo que pasa a nivel de país, tienes que estudiar el boxeo desde el punto de vista internacional, tiene que ser un analista para reflexionar en todos los aspectos de la preparación física general, qué preparación física lleva cada uno de esos atletas, de qué carece este y qué le sobra al otro"

"cada entrenador tiene sus características, una de las características que yo tengo es que yo enseño no para que el boxeador sea igual que yo, sino para que sea mejor que yo, no igual que yo, esa es una de las primeras características en mi caso porque todos los atletas no asimilan la misma carga"

"el mismo desarrollo y la propia dinámica de trabajo te obliga a estudiar, te obliga a superarte constantemente y a buscar siempre una nueva manera de llegar a la forma deportiva de tus atletas"

"amor a su trabajo y al estudio sin duda"

"claro que no. De hecho los principales entrenadores de este país no fueron grandes boxeadores, y por citar algunos tenemos a Raúl Fernández, Alcides Sagarra, Pedro Roque, etc., etc., etc."

"por supuesto que no y el caso más claro está aquí mira...Miranda no fue gran cosa como boxeador y es uno de los entrenadores más admirado y respetado del país. Y por otro lado Aizpurúa, el año pasado fue reconocido como el mejor entrenador de la categoría es-

colar del país alcanzando 6 medallas de oro de 11 posibles record histórico de ese evento y no fue una gran atleta"

"por ejemplo, Ángel Odundi nunca fue boxeador y, sin embargo, tuvo bajo su mando a Mohamed Ali, a Larry Bonet, a Ray Leonard considerado monstruos de este deporte, tres de los más grandes de la historia del boxeo"

"yo pienso que no, no necesariamente, la vida nos ha demostrado que los atletas de más resultados no solo en el boxeo, sino en casi todos los deportes han sido los entrenadores más malos y, sin embargo aquellos que no ha alcanzado niveles de estelaridad altamente calificable han sido buenos entrenadores, yo conozco muy buenos entrenadores que han sido malos deportistas"

"yo mismo fui un boxeador malísimo, lo que yo aspiraba como boxeador no lo pude lograr nunca, sin embargo, como entrenador me siento satisfecho al haber logrado todos esos éxitos que como boxeador no pude lograr, a través de mis atletas. En estos momentos he sido galardonado el mejor entrenador del mundo en el año 1989, he sido condecorado en varios eventos internacionales, tengo atletas que han sido campeones olímpicos, mundiales, panamericanos, centroamericanos de copa del mundo, de todos los eventos internacionales de primer nivel y me siento muy satisfecho, me siento realizado porque lo que no pude lograr como atleta lo pude lograr como entrenador"

Como primera cualidad dentro de la profesión de entrenador encontramos la de ser un formador y llegar a ganar la voluntad del atleta (o como dicen algunos expertos ganarle la cabeza al boxeador), nunca ser impositivo, hacer cumplir y dar las tareas o las orientaciones de manera dialogada y fluida. En definitiva, convertirse en un padre para el boxeador y, sobre todo, tener un gran amor hacia el deporte y su profesión.

"yo opino que la principal cualidad es la de sentir amor por lo que haces"

"para mí la principal cualidad es la de ser un formador"

"yo me haría a un concepto un poco más amplio yo te hablaba del amor al deporte, pero yo te hablaría de un concepto integral como formador en todos los sentidos de personalidad, de capacidades físicas, etc., es decir un formador total"

"lo primero que debe tener un entrenador es respetarse a sí mismo, superarse, tener conocimiento de la labor que está desempeñando, ser capaz de entender las situaciones que puedan presentar los atletas no solo desde el punto de vista deportivo sino desde el punto de vista personal, convertirse en un padre para el atleta, no debe ser impositivo todas las orientaciones deben ser de manera fluida, que le lleguen al atleta de manera fluida que no cause en el atleta un malestar sino mas bien que cause en el atleta un aliento, un punto de atención de análisis, el entrenador debe ser un constante estudioso no solo de la materia del deporte en sentido general sino de cada uno de los atletas con los cuales trabaje ya que cada atleta constituye un libro diferente para estudiar"

"bueno ante todo, no solamente en nuestro deporte, sino en cualquier deporte para ser entrenador hay que tener mucho amor por ese deporte"

"me lo has puesto difícil, pero bueno si hay que decir una, para mí pienso que lo que primero debe tener el entrenador es considerarse, no solo el entrenador, sino también padre de los atletas con los cuales está trabajando"

Y dentro de los errores que jamás se podrían cometer en el ejercicio de esta profesión, según los expertos, se encuentran la imposición, la subvaloración de un atleta y de sus posibilidades, así como la sobrevaloración, renunciar a la importancia de analizar y sopesar todas y cada una de las cuestiones que rodean a tu deportista y que puedan influir en su desarrollo y en su rendimiento.

"el error que nunca debería cometer un entrenador es el de la imposición, hay que conversar con el atleta, hay que interrelacionarse, hay que intercambiar opiniones, criterios para lograr en definitiva el logro que todos perseguimos"

"no sé cúal decirte, porque hay varios errores, pero te voy a decir uno que pasó conmigo y mi entrenador y, es que no se debe de abusar del atleta, tú sabes que los deportes de combate es el peso, y hay atletas que a veces cuando te dicen que ya no pueden más, es porque no pueden más, no debería forzarse al atleta"

"nunca menospreciar al contrario jamás, al contrario que tú le veas menos oportunidades es el que te puedan noquear, porque en la confianza está el peligro"

"para mí en el ámbito nuestro puede ser subvalorar un atleta, como valorizarlo en demasía"

"sí pero mira, Maykel hablaba de cuál era el principal defecto o error de un entrenador, o de cúal debía ser el error que no debería cometer, bueno yo creo que la posibilidad de analizar y oír"

Los conocimientos indispensables de los que no debe estar desprovisto un entrenador de boxeo son los relacionados con el somatotipo, las condiciones físicas del sujeto, los aspectos científico-técnicos asociados al proceso del entrenamiento deportivo y concretamente a los diferentes aspectos del contenido de la preparación de un boxeador.

"los conocimientos indispensables para mí que debe tener un entrenador, primero la voluntad de querer ser un entrenador porque ser entrenador no es fácil hay que sacrificarse al igual que el atleta, hay, que sacrificarse mucho, después tener la voluntad de superarse, de estudiar porque no solo empíricamente usted puede trabajar, hoy en día la vida nos ha demostrado que la ciencia es aplicable a cualquier nivel no solo en el deporte, sino a cualquier nivel de la vida y nosotros no podemos negarle el desarrollo científico-técnico y el

desarrollo científico-técnico también ha llegado al deporte, pero primeramente lo indispensable que debe tener esa decisión, voluntad, moral, disciplina, es tenacidad y sobre todo es sacrificio"

"uno de los conocimientos que debe tener un entrenador de su atleta es, ver el somatotipo, ver las condiciones físicas, estudiarlo ver cuál es la carga que él puede recibir que es lo que no asimila, como entrenador porque también tiene que ser hasta psicólogo, tiene que estudiar al atleta o alumno, una de las condiciones es esa"

Según los expertos, la edad media para alcanzar la madurez en la profesión de entrenador en el boxeo puede variar entre los 5 y 10 años, aunque asumen que esta condición no tiene límites reales pues siempre se encuentra el profesional en un constante aprendizaje, en un permanente y continuo proceso de formación y autosuperación.

"yo me sentía a los 10 o 15 años ya con esa madurez"

"yo creo que la verdadera experiencia y/o madurez no termina de alcanzarse nunca"

"la experiencia es válida pero la madurez no se alcanza nunca, no hay una etapa en la que tú digas ya yo me siento nada"

"porque cada boxeador que entra nuevo al gimnasio es un libro y una fuente inagotable de experiencias y vivencias, problemáticas, situaciones que te obligan a desarrollar y crecer como entrenador"

"yo pienso que no existe límite porque usted está trabajando constantemente con atletas diferentes y como te dije anteriormente cada atleta es un libro y, lo que para uno es bueno, para otro puede ser malo, entonces constantemente usted está aprendiendo al igual que el atleta pienso que no existe límite ya que constantemente usted está aprendiendo al igual que el atleta, no existe límite"

"en todos los años de trabajo que tú tengas en tu vida, no hace falta tener ni 5 ni 10 que se a través del tiempo que te va dando esa maestría, esa experiencia, te la va dando a través del tiempo, de tu trabajo, de tu amor al trabajo, tú copias del entrenador malo, del entrenador bueno y, así en tu larga trayectoria como entrenador vas cogiendo como una esponja vas agarrando todo lo bueno y todo lo malo y vas cogiendo una experiencia"

"esto es una realidad. Hasta ahí una canción del comandante Almeida que dice que cuando hay juventud no hay experiencia y cuando hay experiencia no hay juventud. Por tanto mi opinión es haciendo un cálculo de 8 a 10 años de experiencia"

5.1.3. Relación entre el entrenador y el boxeador

Dentro del tema que concierne a la relación entrenador-atleta, se consideran como premisas básicas el respeto mutuo, la disciplina y la confianza; igualmente, asumen como límites de esa relación el respeto como principio y fin de la misma. Por su parte, entienden que la distancia en esa relación, es decir, el aislar la relación profesional de la personal, no es saludable para el trabajo. A medida que conozcamos más al atleta, creará un mayor compromiso personal y obtendrá mejores resultados y rendimientos competitivos. Así mismo, se destaca que el principal ejercicio de poder que ejerce un entrenador sobre su atleta es el de su propio ejemplo personal-profesional.

"para mí la premisa fundamental es el respeto para que esa relación dure"

"pienso que el entrenador debe conocer bien a los atletas, pienso que el entrenador debe ser un padre para ellos no solo en los momentos buenos, sino también en los momentos malos"

"entre atleta-entrenador, respeto, consideración, buenas relaciones que es otra cosa pero sobre todo mucho respeto hacia su profesor"

"el respeto es la base de todo, es el límite, es decir el respeto es el comienzo, yo te conozco desde que tú eras un niño, a Dubalón y a todos y, nosotros somos excelentes amigos y nosotros tenemos excelentes relaciones pero es el respeto lo que prima en nuestra relación"

"si tú que estás optando por un doctorado no vinieses a nosotros con el respeto, si tú en España donde estás haciendo el doctorado no tratases y te condujeses con respeto a tus profesores y tus profesores no se hicieran respetar sobre la base de su ejemplo, formación profesional, etc., no pudiese haber nada. Nosotros estamos aquí hoy, fíjate, nosotros estamos aquí hoy brindándote todas estas opiniones porque tenemos el mejor criterio de ti como persona, como ser humano, como atleta, tú nos respetas y nosotros te respetamos a ti porque hemos visto en ti que lejos de ser una mancha para el deporte en Ciudad de la Habana eres una cosa luminosa para nosotros en general y para Miranda en particular es un merito muy grande que uno de sus atletas este optando por un doctorado"

"de positiva, de positiva. Mira tú fuiste un atleta que comenzaste con Miranda en las categorías escolares, te superaste, estuviste en alto rendimiento, entraste en la licenciatura te licenciaste, hoy estás inmerso en un proyecto doctoral para obtener ese título, pero a tu profesor tú lo tratas con respeto y hace mas de 20 años que fuiste atleta de él, ¿sí o no?, entonces ya, tú mismo te respondiste"

"primeramente con la competencia y sus posibles resultados, porque al final todos quieren ser campeones. Y bueno ya después y en función de sus características personales otras cuestiones de importancia para ese boxeador, ya sea personal, material, etc."

"la relación entre el entrenador y el atleta es la confianza"

"la premisa fundamental que debe existir ya prácticamente te la he respondido con anterioridad es la interrelación, la confianza que debe existir entre ambos, la camaradería, la disciplina, el respeto sin eso no hay entendimiento, no hay resultado"

"la relación profesor-atleta no tiene límites, creo que la relación entrenador atleta, es una relación de padre e hijo no se debe guardar ningún secreto, todo tiene que estar bien, ok"

"ante todo confianza, tanto tú en el atleta como el atleta en ti, que nunca te hagan un engaño, nunca te hagan una falsedad, ni tú tampoco, si tan siquiera una mentira ni piadosa"

"a mí la vida me ha demostrado que mientras más confianza y respeto exista entre el atleta y el entrenador mejores son los rendimientos, porque cualquier problema por muy dolido por muy penoso o por muy reservado que sea el va a tener la confianza de manifestárselo a usted y entonces usted va a saber cómo trabajar y cómo ayudarlo a resolver esa situación"

"no, no, no creo que no deba haber distancia, inclusive el profesor yo recomiendo que a pesar de las buenas relaciones que tenga con el atleta la mantenga con sus familiares también, si es casado o no, si tiene hijos o no, la relación que tiene con sus padres, etc."

Se destacan como aspectos a valorar en el hecho de que esa relación entrenador-atleta a llegado a su fin, cuando se percibe por parte del entrenador un cambio de actitud del deportista, empieza a subvalorar las orientaciones, empieza a caer en faltas de respeto, empieza a existir cierta desconfianza o, como los expertos plantean, comienzan con la "*ocultadera*" de los problemas.

"cuando usted conoce a sus atletas, usted enseguida se da cuenta de que hay un cambio de conducta, porque ya empieza a subvalorar las orientaciones, empiezan a caer en faltas de respeto, empieza a existir desconfianza o como digo yo la ocultadora de los problema, entonces ahí uno tiene que darse cuenta de que algo anda mal, hay que buscar la manera de solucionarlo por la vía más adecuada, pero ahí si te sigues dando cuenta de que ya eso no marcha, creo que es el momento de romper las relaciones atleta-entrenador para quizás no perder un relación bonita que existe entre la familia, entre el atleta entonces es el momento de que ese atleta pase a otro entrenador o usted le diga a ese atleta hasta aquí llegamos nosotros, podemos seguir manteniendo las relaciones entre nosotros, pero deportivamente hasta aquí llegamos porque ninguno de los dos vamos a lograr el objetivo que perseguimos, siempre hay indicios de que esa relación ya no está marchando bien y hay que ser justos y precisos en el momento adecuado para romper la relación desde un punto de vista sano, que no existan después problemas personales, ni familiares"

"yo creo que no, que esa relación nunca se acaba a no ser que se pelee por cosas bobas, pero esa relación no debe acabarse nunca"

5.1.4. El entrenamiento en el boxeo

Dentro de las características generales que tipifican el proceso del entrenamiento deportivo en el boxeo, se debe explicar el modelo 3-1-2, es decir, lunes, martes y miércoles trabaja dos sesiones, jueves solo una, el viernes y sábado dos sesiones y se descansa el domingo. Se prioriza el trabajo físico para la primera sesión de la mañana y el trabajo técnico-táctico para la segunda sesión que se realiza en función de la competición a celebrarse durante ese microciclo. Habitualmente, si se compite de tarde, se entrena de tarde, si se compite de noche, se entrena de noche, y así sucesivamente. Estos entrenamientos tienen una duración como máximo de dos horas por cada sesión de trabajo.

"es que cada persona es un entrenamiento diferente y digo más, a mí me preocupa la unificación física general de todos los atletas en un solo grupo por edades, sin detenerse en la edad, su tiempo de entrenamiento, las cualidades individuales del hombre"

"para mí es fundamental la relación trabajo-descanso para que el atleta pueda rendir verdaderamente al máximo de sus posibilidades"

"en sentido general el entrenamiento debe estar caracterizado por la individualización, el aspecto psíquico-social del atleta hecho sumamente importante, la alimentación, las condiciones materiales, las condiciones de entrenamiento, eso como proceso y concretamente en las sesiones de entrenamiento la escuela cubana de boxeo trabaja 3-1-2, es decir, lunes, martes y miércoles trabaja dos sesiones, jueves solo una, el viernes y sábado dos sesiones y se descansa el domingo. Con un máximo de dos horas de entrenamiento en cada sesión de trabajo"

"y el entrenador tiene entonces que tener dos horarios en los que atienda independientemente al grupo de enseñanza y al grupo de preparación"

"el proceso de preparación del deportista en este caso que nos estamos refiriendo al boxeador es variable, hoy en día las exigencia de las competencias en las que se participa y la cantidad de competencias en las que se participan, se están utilizando sistemas variables en la preparación, no es un sistema esquemático"

"eso depende de la categoría con que trabaje, depende de la preparación que tenga el atleta, por ejemplo, si trabajas con equipos de mayores puedes trabajar 3 horas diarias, 1 y media en la mañana y, 1 y media o hasta 2 horas en la tarde, es decir en la parte física puede trabajar 1 hora y media quizás 2, en la parte técnica también trabajar 2 horas pero depende del tipo de preparación, si está en la general, si está en la especial, si está en la variada o si está en la competitiva, de eso dependen las horas que tú le des al atleta"

"como máximo y al mismo tiempo como mínimo se deben hacer dos sesiones de entrenamiento diarias, acomodar las horas para eso, y una cosa que nos enseñó primero un alemán que estuvo aquí primero de ayuda técnica con nosotros en el año 62 y fue el que fue a Tokio y después Chervonenco y heredado del boxeo profesional, es correr por la madrugada, claro se sobreentiende que por la madrugada es a las 4 o 5 de la mañana, para evitar el transito que caracteriza las grandes ciudades y las carreras de resistencia hay que hacerlo a esas horas, además estos profesores nos enseñaron que el atleta tiene que descansar, por ello después de una primera sesión dirigida a la preparación física le damos una horas de descanso y después hacemos la segunda sesión por la tarde. Se corre en kilómetros 12 como máximo, y fundamentalmente a campo traviesa. Se trabaja la fuerza especial con la mandarria y dumbell en las manos y el trabajo con aparatos. La segunda sesión de trabajo se centra en el trabajo con guantes y el aparato. Por último señalar la importancia de la relación trabajo-descanso"

"los tipos de contenidos están establecidos históricamente por el Programa de Preparación del Deportista y contemplan la preparación teórica, la preparación física, preparación técnica, la preparación táctica, y la preparación psicológica"

"los tipos fundamentales de tipos de preparación con los que realmente trabaja y planifica un entrenador son la preparación física y técnico-táctica"

"yo considero como determinantes respetando la opinión de los demás compañeros que sin duda son los aspectos técnico-tácticos porque ya cuando se llega a primera categoría las diferencias físicas son cada vez menores y ganar está más determinado por las habilidades y accionar táctico del hombre que por ningún otro aspecto"

Las formas de evaluación del contenido técnico-táctico se realizan a través de los *"sparrings libre"*, que son peleas que se realizan dentro del gimnasio sin público. Básicamente lo que se hace es designar a un juez-entrenador que evalué la *"pelea-sparring"* y la decisión va al plan individual de cada atleta. Desconocen otra forma de evaluar este trascendental aspecto o contenido de la preparación y de la competición en sí mismo.

"nosotros solo contamos con los test pedagógicos pero en ninguno de ellos se evalúan las acciones técnico-tácticas"

"a través de los sparrings libre, que son peleas que hacemos dentro del gimnasio sin público. Básicamente nosotros lo que hacemos es que ponemos a un juez-entrenador que evalué la pelea-sparring y dé una decisión y va al plan individual de cada atleta"

"por ejemplo las escuelas de combate libre, los sparring, las competencia de preparación, etc."

Existe un absoluto consenso en la inexistencia de una herramienta observacional creada para el análisis, descripción y evaluación de la gestión técnico-táctica de un boxeador durante una pelea. De igual manera, reconocen la importancia de contar con una herramienta de esta naturaleza de cara a la corrección de errores, la valoración del rendimiento ofensivo y defensivo, la efectividad y la cantidad de golpeo, el ritmo de trabajo, el golpe más ejecutado, etc.

"una herramienta establecida como tal yo no tengo constancia que exista, ni que haya existido nunca alguna en este sentido ni con estas pretensiones y hablo tanto a nivel de base como del alto rendimiento provincial como nacional"

"jamás se presentó ni se trabajó con ninguna, ni jamás he escuchado nada en este sentido en ningún chequeo de la preparación, ni en ninguna base de entrenamiento desarrollada, etc."

"creada yo te puedo asegurar que no hay ninguna y eso lo puedes contrastar a todos los niveles"

"yo he trabajo algunos años más recientes que Dubalón tanto en el equipo nacional juvenil como de mayores y te puedo decir que no hay nada de esto, si hay algo de esto para el boxeo en el mundo no sé la verdad pero en Cuba seguro que no"

"eso no existe, ya nos gustaría contar con una"

"pero claro que sí, sería necesario y de un impacto tremendo en relación en primer lugar de la visión del entrenador y por otro de la preparación que debe hacer con ese atleta de cara a la competencia"

"ayudaría con una herramienta de este tipo a ser más certeras y objetivas las decisiones que se toman para un combate o dentro de un torneo, etc."

"no, pero además serviría y sería de una gran importancia en lo referente a la corrección de los errores de tu atleta y de su rendimiento real y objetivo, así como de su progresión en el tiempo, es decir de una competencia a otra"

"podría tener una gran importancia ya que para eso el entrenador y atleta deben conocer al atleta contrario"

"eso sería de una ayuda muy buena, total. Incluso hay países que han creado una herramienta para medir la fuerza de la pegada. Pero es primordial el poder contar con una herramienta en este sentido para evaluar la técnica y la táctica"

"nosotros los entrenadores tenemos que estar conscientes de que la aplicación de la ciencia y la técnica nos ayuda mucho a desarrollar nuestro trabajo, pienso que eso sería muy beneficioso para todo entrenador, todo lo que nos pueda brindar orientación, superación, brinda conocimiento, yo pienso que eso sería de un gran aporte para nosotros los entrenadores, eso es una herramienta más que tendríamos para nuestro trabajo"

5.1.5. El boxeador de alto rendimiento

Dentro de la temática relacionada con el boxeador de alto rendimiento, encontramos las consideraciones que los expertos hacen en torno a las características personales que deben presentar. Entre otras plantean que las mismas se deben identificar con la disciplina, la fortaleza física y mental, la inteligencia, tener un buen somatotipo para este deporte, contar con una experiencia competitiva que supere los 100 combates como mínimo, que la edad en la que se alcanzan los altos resultados en este deporte se encuentra entre los 17 y los 23 años de edad y que necesita un periodo de preparación que oscila como mínimo entre los 3 y 5 años.

"debe estar hecho como boxeador, porque las cargas físicas que va a recibir son bastante grandes y tener desarrollados todos los aspectos referentes a la técnica, contar con más de 100 combates, etc.

"aunque eso es relativo, hay boxeadores que con 5 combates ya están hechos y otros que con 50 aún les falta mucho, yo si pienso que para pretender resultados grandes en el alto rendimiento se necesita contar como ya se ha planteado con una experiencia de más de 100 combates"

"yo pienso que para que un atleta en este deporte tenga cierta maestría deportiva debe tener de 3 a 5 años en la práctica del deporte y si en un año está determinado que tú debes echar de 20 a 25 peleas"

"como mínimo 120 combates y los puede hacer en unos 3 o 4 años"

"nosotros hemos tenido campeones mundiales con 18 años, campeones olímpicos con 19, con 20 y, ahora, actualmente casi todos los campeones olímpicos pasan de esa edad, o sea que en edad el rendimiento ha ido aumentando un poco, pero fundamentalmente en nuestro país los atletas ya con 18, 19 o 20 años ya han obtenido grandes resultados a nivel mundial y olímpico"

"con 17 o 18 años se arranca en la elite mundial"

"22 o 23 años ese es el promedio para alcanzar altos resultados en el boxeo."

5.1.6. El resultado y el rendimiento en el boxeo

En otro orden de cosas, se considera que tanto el rendimiento como el resultado son independientes en su análisis, pero dependientes en su lógica, encontrándose marcadas diferencias entre el rendimiento y el resultado. Por ello, en Cuba el cuerpo técnico de los equipos nacionales, tanto juvenil como de mayores, tiene una serie de plazas para captar a esas instituciones que, aun sin alcanzar un relevante resultado, desarrollan grandes rendimientos durante la competición.

"sí, sí, sí estamos claros de que resultado es una cosa y rendimiento es otra. Tú puedes ganar estando mal y viceversa"

"el rendimiento en los entrenamientos determina los resultados en la competencia, y es que un 80 % de los combates se gana en el entrenamiento"

"yo tengo el concepto de que entrenar es brillar, es sobresalir, destacarte, es verte superior al resto y es una forma de competir"

"cuando hablamos de rendimiento prácticamente estamos hablando de resultados, porque si usted no tiene rendimiento quiere decir que no tiene resultado, lo que pasa es que hay atletas con menos rendimiento que han obtenido más resultados que otros que han tenido que estar más tiempo practicando en el deporte para obtener el mismo resultado, no sé si me hago entender, digamos por ejemplo Roberto Balado, peso completo, campeón mundial de mayores a los 19 años y campeón olímpico a los 20, sin embargo, hemos tenido otros atletas que han sido campeones mundiales y olímpicos con veintipico después de él, que obtuvieron el mismo resultado pero con un rendimiento más prolongado y, eso está en dependencia de la características individuales de cada uno de los atletas"

"nosotros tenemos la responsabilidad de captar a los muchachos en los eventos escolares para la participación en los mundiales de cadetes y juveniles, y nosotros tenemos casos que un muchacho pierde con el mejor, se queda sin medallas y, sin embargo, tiene calidad y decidimos traerle al equipo nacional, por eso tenemos acordado con la comisión nacional de boxeo que los casos que nosotros estimemos independientemente de los resultados podemos captarlos para el equipo"

"el ejercicio de la competencia es el entrenamiento, en sí para mí es el entrenamiento diario, para mí el entrenamiento es la primera batalla que se gana"

"básicamente muy pocos casos se dan que teniendo buenos rendimientos se tengan malos resultados, además nosotros le metemos a los muchachos en la cabeza de que la pelea, los torneos no se ganan en el ring, sino en el gimnasio, en las carreras, en los aparatos, etc."

Entienden, por su parte, que los criterios, elementos o aspectos que determinan el rendimiento son el psicológico, el físico y el técnico-táctico, sin menospreciar el valor condicionante del resto de aspectos de la preparación. Así mismo, valoran la creación de una herramienta observacional para el análisis y descripción de las acciones técnico-tácticas del boxeo como excelente. Considerando que de esta forma se llena un vacío en la teoría de este deporte, desde el punto de vista observacional. De esta forma, el entrenador podría valorar objetivamente su preparación y la progresión de su rendimiento, para que le permita predecir la actuación del contrario y orientar la de su boxeador.

"yo pienso que en contexto amplio lo físico, lo psicológico y lo técnico-táctico determinantes"

"mira yo en este sentido aunque hay mucho escrito por ahí considero que son los tipos fundamentales de tipos de preparación con los que realmente trabaja y planifica un entrenador son la preparación física y técnico-táctica"

"considero como determinantes respetando la opinión de los demás compañeros que sin duda son los aspectos técnico-tácticos"

"bueno, Maykel, yo creo que todos coincidimos en que ahí caemos en la herramienta que tú estás creando, porque visual y subjetivamente nosotros pudiésemos decir que este u otro atleta está preparado y que lleva una progresión de su rendimiento pero no disponemos de unos criterios, ni forma objetiva que me haga medible esa progresión, ni que me permita predecir la actuación del contrario y orientar la de nuestro boxeador"

"exactamente, probablemente tú llenes con tu trabajo un vacío importante en la forma de evaluar y diagnosticar las acciones técnico-tácticas en el boxeo a nivel mundial"

"el criterio técnico-táctico"

"como he dicho antes para mí todos son determinantes, es decir, el criterio físico, técnico y táctico"

5.1.7. Criterios y categorías de la herramienta observacional SOBOX

En las temáticas que se encuentran asociadas a la herramienta observacional, es decir, a los criterios y las categorías que la conforman, los expertos han planteado lo siguiente:

5.1.7.1. *Posicionamiento en el ring*

En relación al criterio *posicionamiento en el ring*, los expertos consideran que las determinaciones de las zonas del entorno del ring (Z1), del entorno de las cuerdas y esquinas (Z2), y contra las cuerdas y las esquinas (Z3) son las posiciones fundamentales, correctas, delimitantes en el ring para describir y analizar el posicionamiento de un boxeador durante el ejercicio competitivo en este deporte; de estas zonas consideran la zona del entono del centro del ring (Z1) una zona positiva, preferible y con un mayor espectro de posibilidades espaciales y de movimiento, todo lo contrario de las zonas del entorno y contra las cuerdas y las esquinas. Actualmente, las zonas más empleadas en la alta competición boxística son las Z1, por excelencia, con transiciones a la Z2, y un trabajo casi nulo y muy evitado, el de la Z3.

"hoy en día para mí las zonas fundamentales que se están utilizando acorde a la reglamentación que existe en la actualidad, al sistema de combate que tienen los diferentes países en los eventos en los que se compite en el calendario internacional. Para mí las más utilizadas son la zona uno (Z1) que es la zona del entorno del centro del ring y la zona dos (Z2) que es la del entorno de las cuerdas o las esquinas del ring; y bueno la zona tres (Z3) contra las cuerdas o la esquina del ring ya esa tiene para mí menos utilización en la actualidad"

"también hay atletas que trabajan bien en esa zona tres (Z3) y se convierten en especialistas de esa zona de trabajo"

"estamos hablando de forma genera. Puede haber casos de atletas que trabajen bien en esa zona (Z3), pero hoy partiendo de lo que hablamos en el primer encuentro decíamos que la distancia fundamental es la distancia media, y de la media a la larga ¿sí o no?, aunque desde luego tú puedes trabajar media distancia en el medio del ring, puedes trabajar en la larga distancia en un medio de ring, pero puedes trabajar corta distancia en el medio del ring, pero las situaciones de trabajo en la corta distancia se dan hoy en día poco en comparación con la otra que se ve y más bien cuando tu llegas a las cuerdas lo que haces es girar y sacar al atleta y contra-atacar si acaso pero mayormente las acciones para mí se ven en el centro y en el entorno de las cuerdas y las esquinas, pero no contra las cuerdas o esquinas del ring"

"pienso que las zonas que más se trabajan actualmente son las zonas uno (Z1) y dos (Z2), no solo por los argumentos dados por Miranda y Jacobo, sino también por la forma por comprenderse el boxeo hoy en día, ya que en muchas ocasiones los atletas se acercan y comienzan a trabajan en contra las cuerdas y es el arbitro el que los separa, los coge del brazo y los lleva al centro del ring, y en otros casos los atletas se apoyan en las cuerdas para golpear que constituye una falta o se agarran a las cuerdas para que el árbitro pare el combate y ganar tiempo etc."

"si pero el establecimiento de las zonas y las distancias están perfectamente bien"

"para mí es una forma nueva de observar y valorar el posicionamiento del boxeador en el ring, así que maravilloso, está muy bien la verdad"

"exacto las zonas están bien establecidas"

"para mi están bien, porque por ejemplo la zona del entorno del centro del ring para mí es la perfecta, porque tiene para hacer todo lo que el boxeador desee, tiene para desplazarse, para defenderse, para todo"

"son correctas. De ahí decir que la zona uno (Z1) es positiva y la zona dos (Z2) y tres (Z3) negativa. Estas determinaciones tuyas son adecuadas y concretas"

"yo estoy de acuerdo contigo con estas tres zonas. Son las zonas de combate, como digo yo, en las que se desarrollan en casi toda la competencia y que son zonas características de los atletas de acuerdo a su característica de combate fundamentalmente los atletas de riposta les gusta trabajar más en el centro del ring para tener mayor área de movilidad, para poder desarrollar el contra-ataque, a los atletas de la media y corta distancia les gusta estar casi cerca de las cuerdas y los atletas de corta distancia les gusta estar prácticamente pegados a las cuerdas. Yo coincido contigo en estas tres zonas que tú has marcado, muy bien detalladas como bien nos has explicado, y creo que sí que están bien delimitadas"

5.1.7.2. Criterio ofensivo. Categoría: *tipos de ataques*

Respecto al criterio ofensivo, los expertos consultados han considerado que las determinaciones realizadas por el investigador en relación a los *tipos de ataque* son completas, muy adecuadas y con las cuales quedan contempladas todas las posibles variantes de ataques en este deporte.

"pero éstas son las cuatro zonas, perdón los cinco tipos de ataques que para mí son fundamentales, realmente esto que tú propones define exacta y correctamente cada tipo de acción ofensiva del boxeo, es decir directo simple, directo compuesto, ataque combinado y los contra-ataque cuando son de riposta y de encuentro, para estas clasificaciones están muy bien definidas"

"sin duda todo está recogido en los tipos de ataques que tú propones"

"ahí está todo"

"no dejaste nada afuera"

"ahora mismo todos nos ponemos a crear una acción muy elaborada y mezclada y ya tú la contemplas como un ataque combinado y ahí en el sentido más amplio tú recoges todas las variantes que se te pudieran haber quedado en el aire. Sencillamente perfecto"

"están muy bien y completos, está todo y es el adecuado, has hecho esto muy bien y muy bien pensado, no es porque estés tu aquí delante, pero está muy completo"

"estoy de acuerdo contigo. Se demuestra que tú dominas la situación y que estás muy bien preparado. Coincido contigo en toda esa clasificación que tú haces de los tipos de ataque"

5.1.7.3. Criterio ofensivo. Categoría: *distancias de combate*

Al analizar el aspecto ofensivo relacionado con las *distancias de combate,* la totalidad de los expertos considera que las que contempla la herramienta observacional son todas las posibles, como la distancia extralarga, larga, media, corta y cuerpo a cuerpo. Todos reconocen la polémica existente en torno a la distancia extra-larga, que está muy presente, se trabaja con ella y tiene un rol y función determinados fundamentalmente en la compensación de los esfuerzos durante el combate. La recuperación después de una fuerte conexión recibida esencialmente es empleada, como muchos la consideran, más como un criterio defensivo que ofensivo, puesto que desde esa longitud (extra-larga), se encuentran ambos boxeadores fuera de distancia de golpeo.

"para mí la distancia extra-larga es una distancia defensiva, no ofensiva"

"y nula"

"y claro por supuesto, porque desde el momento en que yo estoy fuera de contacto, yo no estoy atacando a nadie, yo no estoy llevando la ofensiva, yo me estoy defendiendo de los que me viene encima, por eso no debe ser ofensiva más bien defensiva"

"si pero defensiva, no ofensiva. Porque la distancia extra-larga nunca puede ser una distancia ofensiva, porque yo te voy atacando y nunca llego donde estás tú por encontrarte lejos, tú estás defendiéndote, porque tú nunca podrás atacarme porque tú estás fuera de distancia. Por lo tanto yo estoy de acuerdo con la existencia de esa distancia pero considero, que debe aparecer en el criterio defensivo y no en el ofensivo"

"exacto para mí la distancia extra-larga tiene más bien una función táctica, digamos también y es otro rol, yo estoy ganando un combate por un punto y me la paso en extra-larga evitando la confrontación, etc."

"distancia defensiva y la ejecuta uno solo porque si lo hacen los dos entonces interviene el árbitro y les impide que combatan"

"sin ninguna duda, eso está perfecto"
"lo referente a las distancias está bien"

"lo único es la distancia extra-larga, ya te digo que la mayoría de nosotros no estamos de acuerdo, porque no existe viejo, esta distancia la creó un compañero, que no tuvo esos grandes resultados como boxeador pero estudió, de apellido Vichy. Pero salvando esa situación el resto de determinaciones están bien definidas y son correctas"

"esas son todas las distancias que hay"

"quiero decirte que la distancia extra-larga actualmente es un poco contradictoria e incluso para muchos entrenadores nuestros que consideran que no existe y nosotros les estamos demostrando que sí existe y se la hemos estado demostrando con atletas que trabajan esa distancia y cuando la han visto a través del video, de conferencias y talleres que les hemos dado se han dado cuenta de que sí existe, la distancia extra-larga tiene un único objetivo que es tener una movilidad fuera de la zona de contacto en un corto tiempo para reaccionar, reubicarme, concentrarme en un trabajo que yo estoy desarrollando y, que por

la reacción del contrario y del sistema de evaluación me pueden dar ventaja o desventaja, cual es la ventaja que puede darme, bueno es la ubicación espacial para tener una reacción ante un trabajo que está haciendo mellar el mío, me ubico rápido, por eso es que ese tiempo es un tiempo corto, no puede sobrepasar el límite porque entonces caigo en un movimiento pasivo, porque me alejo mucho del contrario y no estoy ejercitando una acción ofensiva y puedo ser amonestado por el juez e incluso puedo ser hasta sancionado si me extralimito mucho en el tiempo de duración, pero si es una distancia que tiene su efectividad y su objetivo, fíjate a nosotros se nos dio un caso en la olimpiada de 1996, el caso que te voy a poner, es el caso de Duvergel faltando segundos para obtener su medalla de oro se le orientó pasar a la extra-larga y sin embargo se quedó, pasó de la media a la corta, ¿Por qué?, por la euforia de la cantidad de puntuación que tenía arriba, se sentía ganador, se sentía amplio, se sentía intocable y sin embargo, ahí fue donde recibió el golpe y perdió su medalla de oro"

"todas esas son con las que nosotros trabajamos y de los que tengo conocimiento que existe"

5.1.7.4. Criterio ofensivo. Categoría: *modos de ejecución de los ataques*

Respecto a los *modos de ejecución de los ataques*, se consideran las definiciones dadas como una clasificación muy completa y, que a su vez está pensada de forma que te permiten de una manera sintetizada y concreta informar acerca de las características de un posible contrario. De igual forma, reconocen la validez y novedad de las determinaciones de clasificar las combinaciones en función del golpe más frecuentemente utilizado, hecho que sintetiza todo el espectro de posibles modos de ataque que pueden darse en el boxeo.

"sí esos son los golpes establecidos"

"los golpes clásicos del boxeo"

"si, ahí no hay nada que decir"

"si, es que está todo: recto-ganchos, rectos-cruzados, ganchos-cruzados, y la combinación de los tres recto-ganchos-cruzados y toda variante posible de más de tres golpes pues queda incluida en las combinaciones por predominio de rectos, de ganchos o de cruzados, está perfecta no escapa nada"

"muy bien pensada esa calcificación porque verdaderamente te da una información sintetizada y orientadora para el entrenador"

"que pasa que como lo dice la palabra las combinaciones, cuando pasa ya de dos golpes es una combinación y tú puedes empezar con recto, con gancho, con cruzado o si estás en la otra distancia puedes empezar con gancho y terminar con cualquier golpe si con

el recto, con el mismo gancho si empezaste con gancho metiste el recto y cruzado y, terminar con gancho, las combinaciones ya lo dicen combinación es una ensalada"

"si, en mi opinión sí"

"está bueno, está muy bien. Incluye todos los golpes clásicos y sus combinaciones y variantes"

"el problema es que aquí tú lo tienes bien precisado, porque aquí tú tienes todo tipo de combinaciones, no en sí la combinación como tal, sino los golpes que pueden estar reflejados en una combinación simple o en una combinación compleja"

5.1.7.5. Criterio ofensivo. Categoría: *tipos de defensas*

En la temática concerniente a los *tipos de defensa*, los expertos aseguran que la herramienta contempla e integra cualquier variante de acción ofensiva que se puede realizar y, por otro lado, la valoran de adecuada, correcta y completa.

"ahora ya entendí, y claro dentro de esos tipos de defensa están las defensas de paradas, desvíos, etc."

"sí y dentro de las de esquiva estarían la flexión del tronco, el paso atrás, etc. Muy bien"

"aquí yo veo que has definido las defensas de piernas con predominio de pasos, tú sabes que esto yo lo veo fundamental y novedoso, y no es porque los boxeadores no caminen arriba del ring es porque no se entrena, tú dices por ejemplo los boxeadores de las divisiones de peso grandes: desplazamiento, giros, péndulo, una cosa, la otra, ve maca y cuando caminan, porque hay un momento del combate de todos los boxeadores de cualquier categoría que ellos caminan sobre el ring, caminan, pasos....yo llamo la atención de esto, porque me parece muy interesante y nosotros no trabajamos esto"

"es verdad, de hecho está muy bien esta determinación que hace Maykel"

"sí, yo creo que sí, lo que la palabra de afrontamiento es la que es nueva para mí, pero tú ya me la explicaste y yo considero que sí que cumple su objetivo, como que no"

"sí, ahí están todas las defensas"

5.1.7.6. Criterio ofensivo. Categoría: *modos de ejecución de las defensas*

De igual manera respecto a los *modos de ejecución de las defensas*, se asumen de correctas y muy completas las definiciones dadas, resaltando la novedad y la interpretación sintética de las determinaciones asociadas a la clasificación de los modos de acción defensiva a partir del tipo de defensa más empleado por el atleta observado.

"yo creo verdaderamente que está completo"

"este, este trabajo encierra todos los elementos tanto ofensivos, como defensivos del accionar técnico-táctico de un boxeador sobre el ring. Lo encierra todo, muy bueno"

"sí, chico, está correcto, están en tu definición todos los modos de defensa y está muy bien hecho y está contemplado todo"

"que serían los tres tipos de defensa que hay en el boxeo, defensas con las piernas, con los brazos y con el tronco"

"muy buenos todos los criterios y muy completos todos los planteamiento"

"como que no, estoy de acuerdo contigo en eso, todas las características individuales que yo conozca sobre un contrario me van servir a mí después para preparar al boxeador mío"

5.1.7.7. Criterio *resultado*

Consideran que resulta muy explícito el que se contemplen dentro de la herramienta observacional los resultados, es decir, el tipo de decisión reglada a través del cual el boxeador analizado ha obtenido tanto sus victorias como derrotas, pues las mismas pueden dar una información adicional del atleta estudiado. En este sentido, no se recogen declaraciones, dado que sus tipos de decisiones quedan determinadas por el reglamento y establecidos por los jueces en la conclusión de los combates.

5.1.8. Resultados de la aplicación de la herramienta observacional SOBOX

La valoración general de cada una de las categorías, dentro de los criterios constituyentes de la herramienta observacional SOBOX, es considerada como muy novedosa, completa, útil y excelente, reuniendo todos los aspectos fundamentales que deben ser de conocimiento para un entrenador en la preparación de su discípulo de cara a la competición de rendimiento, que va a la esencia de lo que en realidad es el boxeo. Reconocen la inexistencia de una herramienta observacional para el análisis y descripción de las acciones técnico-tácticas en el mundo del boxeo. Por otra parte, recomiendan que la misma sea presentada ante el máximo organismo internacional para su difusión y aplicabilidad por las diferentes naciones en el mundo.

En referencia a la evaluación general de los resultados que arroja la herramienta observacional SOBOX, afirman que tiene un valor incalculable para el entrenador, en la medida en que logra la caracterización objetiva y a diferentes niveles, ya sea de un atleta, un equipo, una nación o área geográfica determinada (un torneo, etc.). Objetiviza el trabajo táctico y, con ello, facilita la selección del contenido de la preparación técnico-táctica ante una pelea o en la preparación para una competición o torneo.

Por su parte, la gran posibilidad que nos brinda esta herramienta es que el entrenador no tenga que llegar a la propia competición para tomar una decisión, sino que ya la haya tomado con mucha anterioridad en base a la caracterización realizada en función de los patrones de conducta que se hayan obtenido de los estudios efectuados.

Por último, se insiste en el hecho de que el análisis que se haga está concebido de forma integral y condiciona al entrenador a tener una visión global, y a valorar todo el conjunto de categorías integrantes de los criterios ofensivo, defensivo y espacial, en función del posicionamiento que el observado ha desarrollado, así como el record de resultados que este expone.

"yo lo veo muy completo, muy muy muy completo"

"yo veo este trabajo espectacular, porque va a la esencia de lo que en realidad es el boxeo y es la preparación de un equipo, que cuando yo llego a un campeonato mundial o de una olimpiada yo necesito de este trabajo para después de cuatro años de preparación no dejar margen a la suerte a lo que me voy a encontrar, no, no, yo sé con lo que me voy a encontrar y yo tengo la herramienta para solucionar el problema. Me parece fenomenal, fenomenal, porque yo puedo, digamos a nivel de selección nacional, estudiar los diferentes torneos europeos y de otras partes del mundo y yo voy allí solo a filmar las peleas y a estudiar esos equipos con los que después yo voy a discutir los primeros lugares y analizarlos y cuando yo te vea participar en cuatro torneos ya te tengo controlado, y ya sé que haces, de qué forma te mueves, en qué distancia peleas, etc."

"si, pero eso se hace, pero solo el hecho de que te sientan te pasan un video de una pelea de el uno en el ranking y te dicen mira cómo tira, etc., pero no me da el criterio que nos da esta herramienta de ir más allá y determinar patrones de conducta, cuantías de la efectividad, cuáles son tus acciones tácticas reiterativas, cómo prepararme para trabajar en contra de eso"

"yo pienso que lo novedoso de este trabajo, tiene mucho que ver con lo que decía Jacobo, yo fui boxeador de equipo nacional juvenil y a nosotros nos sentaban en una sala y nos decían mira al tipo, tírale derecha, hazle paso atrás, etc., pero nunca me dijeron cuales eran los patrones técnicos del contrario, ni toda la información que gracias a este trabajo que tú has realizado se puede obte-

ner, y considero que lo novedoso de este trabajo que permite analizar al atleta en el tiempo y sacar conclusiones regulares y reiteradas"

"Para mí este trabajo es novedoso, nosotros, y yo por experiencia general me gusta llegar antes a las provincias porque soy una persona que observo mucho, desde que el chamaco está calentando, desde que el entrenador le da mascotas, etc., yo siempre estoy analizando a mis contrarios, pero ahora ya tengo una herramienta para hacerlo más objetivamente y menos empíricamente"

"¿Este es tu trabajo doctoral Maykel?. Te auguro éxitos en esta empresa porque lo que tú nos has presentado es único en el mundo y es algo verdaderamente útil y sumamente importante a la par que novedoso"

"yo primero que nada te recomendaría que lo presentases a la AIBA y estoy seguro que estarán interesados y económicamente están en condiciones de adquirir o negociar tus servicios, y esto es una ayuda para el boxeo en general, tú sabes que ahora hay un nuevo presidente y está llevando estos nuevos cambios"

"mi opinión es bastante aceptada, es bastante buena y, es la primera vez que veo ese tipo de trabajo nunca había visto ese tipo de trabajo, ya que en mi tiempo era diferente no tan lejos. Es aceptable se puede estudiar con ella"

"te da una definición del atleta con el que tú vas a competir, o del país, o la ciudad, o de la agrupación, gimnasio, municipio, provincia que sea, está muy bueno el trabajo y muy importante, no tengo mucha opinión que decirte porque es la primera vez que veo el trabajo porque nosotros tenemos un buen desarrollo en el boxeo, pero no tenemos así esa capacidad de estudio y es la primera vez que lo veo y si lo tienen no lo he visto nunca"

"yo la consideraría muy buena y es más si pudiera contar con ello la pediría, porque me va a facilitar a mí cada vez más la planificación del trabajo que tengo yo que desarrollar con mis atletas y no solo ya de enfrentamiento de equipo a equipo, sino de enfrentamientos individuales, porque ahí tú nos brindas a nosotros la posibilidad de hacer un análisis objetivo de cada uno de los atletas, por lo menos tenga la posibilidad de enfrentar a mis atletas y pienso que a la hora de desarrollar el trabajo táctico va a ser un trabajo táctico mas objetivo, porque nos va a dar la posibilidad de observar el comportamiento de ese atleta en cada una de las diferentes distancias de combate, de cada una de las situaciones espaciales en el cuadrilátero, en cada una de sus acciones ofensivas y defensivas, pienso que tu nos brindarías la posibilidad de una herramienta que sería de gran utilidad; yo al menos te la pediría y le daría buen uso"

"yo, solo te voy a decir, que hago el compromiso que si me facilitas la herramienta yo, no solo la emplearía en cualquier sitio en que me encuentre, sino que también la daría a conocer a todo mi entorno profesional"

5.2. DISCUSIÓN A LA TRIANGULACIÓN

5.2.1. Triangulación

Para abordar esta discusión nos hemos apoyado en la triangulación, puesto que la referida técnica de investigación permite la combinación de múltiples métodos en un estudio del mismo objeto o evento, para abordar mejor el fenómeno que se investiga (Cowman, 1993). En relación a los criterios de credibilidad, sí hay un factor determinante para conseguir desarrollar un estudio creíble, es la triangulación (Martos, Devis y Sparkes, 2009). En definitiva, se trata de confirmar las interpretaciones obtenidas por distintos caminos (Woods, 1998).

Campbell y Fiske son conocidos en la literatura como los primeros en aplicar la triangulación en el ámbito de la investigación, en el año 1959 (Arias, 2000). Es conveniente concebir la triangulación envolviendo variedades de datos, investigadores y teorías, así como metodologías. Kimchi, Polivka y Stevenson (1991) asumen la definición de Denzin, dada en 1970, sobre la triangulación en la investigación como la combinación de dos o más teorías, fuentes de datos, métodos de investigación, en el estudio de un fenómeno en particular.

Rodríguez (2005), Arias (2000) y Pérez (2000), entre otros, asumen que la triangulación puede ser de datos, orientada en el tiempo y en el espacio, de personas, de investigadores, de teorías, de métodos o múltiple. A partir del estudio de los diferentes tipos o formas de asumir esta técnica hemos entendido que por definición el modo más adecuado a emplear en nuestro caso sería la triangulación metodológica, puesto que en ella se utiliza el mismo método en diferentes ocasiones o bien diferentes métodos sobre un mismo objeto de estudio (Pérez, 2000).

En este estudio se ha buscado la combinación y complementación de metodologías cuantitativas y cualitativas. La manera en que se ha desarrollado la discusión ha sido triangulando los resultados emergentes de la aplicación de métodos tanto cuantitativos como cualitativos, de manera que se justifiquen de forma objetiva las hipótesis formuladas. Todo ello, como ya hemos planteado, sobre la base de los resultados obtenidos de los apartados correspondientes a los estudios cuantitativos (herramienta observacional SOBOX y los resultados de su aplicación), cualitativos (discusiones de grupo) y los trabajos encontrados en las principales bases de datos existentes.

Un hecho que justifica la pertinencia de nuestra obra radica en la inexistencia de investigaciones o estudios que aborden la temática que nos ocupa en el ámbito del boxeo. Realidad esta que queda evidenciada en las búsquedas bibliográficas realizadas, en las cuales aparecen una serie de temáticas asociadas al boxeo y que se identifican concretamente con el sistema de reglas y arbitrajes, aspectos generales de la preparación física y la metodología del entrenamiento, pasajes históricos y ensayos o noticias periodísticas, estudios biomecánicos, así como de estudios médico-biológicos sobre las lesiones. Pero no ha sido encontrada ni una sola referencia que hiciera alusión al análisis de las acciones técnico-tácticas, o alguna herramienta observacional concreta para el análisis de las acciones en este deporte.

Esta realidad también fue contrastada con los expertos de boxeo consultados, los cuales a pesar de reconocer la importancia de contar con una herramienta de esta naturaleza de cara a la corrección de errores, la valoración del rendimiento ofensivo y defensivo, la efectividad y la cantidad de golpes, el ritmo de trabajo, el golpe más ejecutado, etc., coinciden en asegurar la inexistencia de una herramienta observacional creada para la descripción, análisis y evaluación de la gestión técnico-táctica de un boxeador durante una pelea, hecho que nos sugiere la posibilidad de que nuestra investigación constituye el primer estudio que en materia de metodología observacional se ha desarrollado para el boxeo en el mundo. En relación a la elaboración de la herramienta observacional (SOBOX), es importante plantear que tanto los criterios como las categorías establecidas pueden valorarse, en términos cuantitativos y cualitativos, de *adecuados* puesto que los mismos se ajustan en términos formales a los fundamentos básicos del boxeo, encontrados en la escasa información concreta obtenida de la búsqueda bibliográfica realizada; *aplicable* en tanto que la misma aporta toda la información necesaria en términos descriptivos como secuenciales, que otorgan los suficientes elementos para inferir y predecir los patrones de conducta de cualquier competidor; así como un absoluto consenso y aprobación por el conjunto de expertos consultados de todas y cada una de las determinaciones hechas en relación al sistema taxonómico del SOBOX.

Los elementos que justifican lo adecuado de la herramienta propuesta estriban en que la misma se apoya en los fundamentos básicos de este deporte para su articulación práctica, ya sean los diferentes elementos básicos, los cuales tienen "*el valor de servir de apoyo didáctico para ejecutar, corregir y evaluar las acciones, constituyen sin duda entidades técnicas generalizadoras a partir de las cuales es posible integrar un deporte como un sistema de habilidades y conocimientos*" (Copello, 2005, p. 16). Los elementos básicos se definen como aquellas habilidades más simples cuya relación expresa lo más esencial en el boxeo y constituye el soporte sobre el cual se ejecutan todas las acciones posibles de este deporte. Dichos elementos son la posición de guardia, los desplazamientos, los giros, los golpes rectos dirigidos a la cabeza y el abdomen, los golpes de gancho tanto a la cabeza como al abdomen, los golpes cruzados tanto a la cabeza como al abdomen, el conjunto de defensas con las extremidades superiores, el conjunto de defensas con el tronco y, por último, el conjunto de defensas con las piernas. Los referidos elementos básicos son descritos y analizados en la escasa literatura especializada existente y consultada (Domínguez y Llanos, 1974, 1987; Degtiariov, 1983; Rodríguez, 2002; Balmaseda, 2009a).

La cuestión anteriormente analizada, deriva en un segundo valor de juicio y es el de la aplicabilidad del SOBOX, hecho que queda justificado, por una parte, debido a que la herramienta se basa y contempla todo el conjunto de habilidades más simples que integran el boxeo. Cuestión esta que permite que sea perfectamente aplicable dado que los elementos que la articulan son de perfecto conocimiento y dominio por todo el gremio de especialistas en todo el mundo. Por otro lado, su aplicabilidad está contrastada en términos cuantitativos (ver capítulo IV) a partir de que esta permite el análisis del conjunto de posibles acciones en el boxeo, garantizando el establecimiento de patrones de conducta en el desarrollo de un combate con una probabilidad de aparición superior a la que predice el azar.

Lo anteriormente expuesto puede contrastarse de forma objetiva consultando el apartado 4.4 del capítulo anterior, del que se derivan como resultados más relevantes 18 patrones excitatorios prospectivos, 18 patrones excitatorios retrospectivos, 17 patrones inhibitorios prospectivos y 17 patrones inhibitorios retrospectivos. Dichos patrones son analizados a partir de las conductas criterio y las conductas condicionadas, que seguidamente se ofrecen:

1. *Distancia de combate y tipos de ataques-defensas*
2. *Modos de ataques y tipos de ataques-defensas*
3. *Modos de defensas y tipos de ataques-defensas*

4. *Tipos de ataques y modos de ataques*
5. *Tipos de defensas y modos de defensas*
6. *Distancia de combate y modos de ataques*
7. *Distancia de combate y modos de defensas*

A partir de estos patrones se puede hacer una gama de análisis que redunda en el diagnóstico certero del estilo preferencial de combate empleado, la gestión ofensiva y defensiva en función de diversas categorías, etc., de cualquier competidor, equipo, evento nacional o mundial. Por su parte, y no menos importante el referido estudio, ofrece en términos descriptivos una gama de datos que nos otorga una valiosa información complementaria relacionada con estadísticos de frecuencias, de los cuales podemos hacer interpretaciones sobre la frecuencia de acción y, por extensión, el ritmo del combate, los modos de acción ofensivo-defensivo, la gestión ofensiva-defensiva en función del posicionamiento en el ring que el competidor manifieste, las acciones más utilizadas en función de la distancia, del golpe inicial y de la acción defensiva elegida.

Estas cuestiones han sido altamente valoradas por los expertos en los grupos de discusión, los cuales han considerado que los resultados que arroja la aplicación de la herramienta observacional SOBOX, tienen un valor incalculable para el entrenador en la medida en que logra la caracterización objetiva y a diferentes niveles, ya sea de un atleta, un equipo, una nación o área geográfica determinada o un torneo. Objetiviza el trabajo táctico y, con ello, facilita la selección del contenido de la preparación técnico-táctica ante una pelea o en la preparación para una competición o torneo.

Por su parte, han resaltado que la gran posibilidad que nos brinda esta herramienta radica en no llegar a la propia competición para tomar una decisión, sino que la pueden tomar con mucha anterioridad en base a la caracterización realizada en función de los patrones de conducta que se hayan obtenido de los estudios efectuados. A su vez, se insiste en el hecho de que el análisis que se haga está concebido de forma integral y condiciona al entrenador a tener una visión global y a valorar todo el conjunto de categorías integrantes de los criterios ofensivo, defensivo y espacial en función del posicionamiento que el observado ha desarrollado, así como el récord de resultados que este ostenta.

En relación a los argumentos que justifican un absoluto consenso y aprobación por el conjunto de expertos consultados de todas y cada una de las determinaciones formuladas para el SOBOX, los podemos detallar en función de los criterios y las categorías que integran la herramienta observacional propuesta.

Los criterios establecidos para el SOBOX, tratan cuatro aspectos fundamentales que son el *Posicionamiento en el ring*, la *Ofensiva*, la *Defensiva y* los *Resultado* obtenidos en el ejercicio competitivo del boxeo. Estos criterios han sido valorados por los expertos de forma positiva, muy completa y global, es decir, abarcan todos los aspectos sujetos a análisis en este deporte, son la esencia de lo que en realidad es el boxeo y reúnen los aspectos fundamentales a la hora de evaluar y/o preparar a un competidor o equipo.

El criterio *Posicionamiento en el ring* incorpora una óptica de análisis inexistente en las referencias bibliográficas consultadas. Dicha óptica de análisis aborda las acciones técnico-tácticas del boxeo de rendimiento en función de la ubicación en la que el competidor se encuentra. Es muy distinta la perspectiva y posibilidades de acción que puede ejecutar un boxeador que este ubicado en la zona del entorno del centro del ring (Z1), o desde la zona del entorno de las cuerdas y las esquinas (Z2), y mucho más reducidas las posibilidades de este encontrándose contra las cuerdas o esquinas (Z3). El poder establecer patrones de conducta en relación a la colocación espacial del sujeto en el ring, es una óptica de análisis novedosa dentro del conjunto de criterios observacionales en este deporte.

Así mismo, existe una total coincidencia entre los datos resultantes de la aplicación del SOBOX en capitulo IV, y los criterios vertidos por los expertos en los grupos de discusión en el apartado 5.1. El capítulo VI ha arrojado, en este sentido, los siguientes resultados del total de acciones ejecutadas (3.339 acciones), el 70 % (2.346 acciones) se ejecutaron desde el entorno del centro del ring (Z1), el 30 % restante (993 acciones) se realizaron desde la zona del entorno de las cuerdas y las esquinas (Z3). Por su parte, y como resultado del apartado 5.1, los expertos consideran que las determinaciones de las zonas del entorno del ring (Z1), del entorno de las cuerdas y esquinas (Z2), y contra las cuerdas y las esquinas (Z3) son las posiciones fundamentales, correctas, delimitantes en el ring para describir y analizar el posicionamiento de un boxeador durante el ejercicio competitivo de este deporte. De estas zonas consideran la zona del entono del centro del ring (Z1) una zona positiva, preferible y con un mayor espectro de posibilidades espaciales y de movimiento, todo lo contrario que las zonas del entorno y contra las cuerdas y las esquinas. Debemos considerar que actualmente las zonas más empleadas en la alta competición boxística son las Z1 por excelencia con transiciones a la Z2, y un trabajo casi nulo y muy evitado el de la Z3.

El criterio *Ofensivo* está compuesto de 20 categorías, divididas en tres apartados diferentes pero interconectados, que son los *tipos de ataques*, las *distancias de combate*, y los *modos de ejecución de esos ataques* que integran y, a su vez, describe el espectro de posibles acciones técnico-tácticas en función ofensiva.

En el apartado de los *tipos de ataques* encontramos pocos puntos de coincidencia con las categorizaciones que sobre este particular se recogen en la bibliografía, pues estos tan solo hacen referencia a los golpes y los contra-golpes (Degtiariov, 1983); por ello, encontramos por parte de los expertos valoraciones muy positivas en relación a las determinaciones hechas sobre la clasificación emitida de los *tipos de ataques* como completos, muy adecuados, detallados y con los cuales quedan contempladas todas las variantes de ataques posibles. También hemos podido contrastarlo al poder desglosar del total de acciones ofensivas registradas (2.397), el 49 % ha correspondido a los ataques directos simples (ADS), con un total de 1.167 acciones, el 35 % correspondieron a ataques directos compuestos (ADC), con un total de 835 acciones, el 11 % correspondieron a los contra-ataques de riposta (CAR), con un total de 275 acciones, el 5 % corresponde a los contra-ataques de encuentro (CAE), con un total de 120 acciones.

Respecto a los patrones de conducta resultantes de la aplicación del SOBOX en relación al *tipos de ataques* (patrones excitatorios), se han obtenido un total de tres patrones secuenciales prospectivos de las transiciones de la conducta criterio *tipos de ataques* y la conducta condicionada *modos de ejecución de los ataques*. Por su parte, dos han sido los patrones secuenciales excitatorios retrospectivos de las transiciones de las conductas criterios y condicionada mencionadas. En referencia a los patrones inhibitorios, se ha obtenido un patrón secuencial prospectivo de las transiciones de la conducta criterio *tipos de ataques* y la conducta condicionada *modos de ejecución de los ataques*; así como un patrón secuencial retrospectivo.

Las *distancias de combate* es el segundo aspecto que se integra en el criterio ofensivo y queda excluido del defensivo, puesto que toda acción defensiva en este deporte siempre está antecedida y condicionada por una acción ofensiva. Por otra parte, esta determinación responde al hecho de que el elemento que condiciona, a priori, cualquier modo de acción ofensiva, obedece a la longitud en la que se encuentren los sujetos interactuantes en la acción. Históricamente se han manejado en la bibliografía especializada tres tipos fundamentales de *distancias de combates* que son la distancia larga, la distancia media y la distancia corta (Domínguez y Llanos, 1974, 1987; Degtiariov, 1983). En esta herramienta se han contemplado un total de cinco distancias de combate, que son la distancia *extra-larga*, *larga*, *media*, *corta* y la de *cuerpo a cuerpo*. Estas dos nuevas incorporaciones son defendidas por la Escuela Cubana de Boxeo e incluyen, con mayor precisión, todas las distancias posibles que entre dos boxeadores pueden existir durante la realización del ejercicio competitivo en este deporte.

Todos los expertos consideran que las *distancias de combate* que contempla la herramienta observacional (SOBOX) son todas las posibles. Del total de acciones ejecutadas, 126 acciones han sido realizadas desde la distancia *extra-larga*, lo que representa un 4 % del total, 2.689 acciones se han ejecutado desde la distancia *larga*, representado el 80,5 % del total, desde la distancia *media* se han efectuado 438 acciones, que representan el 13 % del total, 71 acciones se han realizado desde la distancia *corta* de combate, representando el 2 % del total y por último, tan solo 14 acciones se han efectuado desde la distancia *cuerpo a cuerpo*, representando tan solo el 0.5 % del total.

En otro orden de resultados, se han obtenido (patrones excitatorios) tres patrones secuenciales prospectivos de las transiciones de la conducta criterio *distancia de combate* y la conducta condicionada *tipos de ataques-defensas*; un patrón secuencial prospectivo de las transiciones de la conducta criterio *distancia de combate* y la conducta condicionada *modos de ejecución de los ataques*; un solo registro secuencial prospectivo de las transiciones de la conducta criterio *distancia de combate* y la conducta condicionada *modos de ejecución de las defensas*. En relación con los patrones excitatorios retrospectivos ha obtenido tres patrones de las transiciones de la conducta criterio *distancia de combate* y la conducta condicionada *modos de ejecución de los ataques-defensas*; un patrón de las transiciones de la conducta criterio *distancia de combate* y la conducta condicionada *modos de ejecución de los ataques*; y dos patrones de las transiciones de la conducta criterio *distancia de combate* y la conducta condicionada *modos de ejecución de las defensas*.

En relación a los patrones inhibitorios prospectivos se han obtenido cuatro patrones de las transiciones de la conducta criterio *distancia de combate* y la conducta condicionada *modos de ejecución de los ataques-*

defensas; un patrón de las transiciones de la conducta criterio *distancia de combate* y la conducta condicionada *modos de ejecución de los ataques;* y otro patrón de las transiciones de la conducta criterio *distancia de combate* y la conducta condicionada *modos de ejecución de las defensas*. Los patrones inhibitorios retrospectivos dieron como resultado tres patrones de las transiciones de la conducta criterio *distancia de combate* y la conducta condicionada *modos de ejecución de los ataques-defensas*; dos patrones de las transiciones de la conducta criterio *distancia de combate* y la conducta condicionada *modos de ejecución de los ataques*; y un patrón de las transiciones de la conducta criterio *distancia de combate* y la conducta condicionada *modos de ejecución de las defensas*.

En relación al último aspecto del criterio *Ofensivo*, los *modos de ejecución de los ataques* está conformado por 10 categorías que son valoradas por los expertos como una clasificación muy completa y que a su vez, está pensada de forma que te permite de una manera sintetizada y concreta informar acerca de las características de un posible contrario. De igual forma, han reconocido la validez y novedad de las determinaciones de clasificar las combinaciones en función del golpe más frecuentemente utilizado, hecho que sintetiza, sobre manera, todo el espectro de posibles modos de ataque que pueden darse en el boxeo.

Así mismo, y en función de los resultados obtenidos de la aplicación del SOBOX (capitulo IV), se han derivado cinco patrones secuenciales prospectivos excitatorios de las transiciones de la conducta criterio *modo de ejecución de los ataques* y la conducta condicionada *tipos de ataques-defensas,* y cinco patrones secuenciales retrospectivos de las mismas transiciones. Por su parte, los patrones inhibitorios han arrojado seis registros secuenciales prospectivos de las mismas transiciones de la conducta criterio *modo de ejecución de los ataques* y la conducta condicionada *tipos de ataques-defensas* y cuatro registros secuenciales retrospectivos de las mismas transiciones.

El criterio *Defensivo* está integrado por dos subcriterios interrelacionados que son los *tipos de defensas* y los *modos de ejecución defensiva*. Respecto a los *tipos de defensas* es importante destacar que no hemos encontrado una clasificación de referencia en las consultas bibliográficas realizadas que se apoye para su tipificación en el modo de relación del sujeto que defiende con la trayectoria del ataque realizado por su oponente. La única aproximación que en este sentido existe se limita a dividir las defensas por la parte del cuerpo que las realiza el sujeto (Degtiariov, 1983). Por ello, es comprensible que los expertos coincidan en asegurar que la herramienta contempla e integra cualquier variante de acción ofensiva que se puede realizar y, por otro lado, lo valoran de adecuada, correcta y completa. De la aplicación del SOBOX se han obtenido, dentro de los resultados más significativos, que del total de acciones defensivas registradas (941 acciones), el 46 % de las defensas realizadas han sido defensas de afrontamiento (DA), lo que representa un total de 434 acciones defensivas, el 54 % restante de las acciones ejecutadas han sido *defensas de esquiva* (DE), lo que representa un total de 507 acciones de este tipo de defensa.

Continuando con el anterior análisis, se han obtenido un total de dos patrones de conducta excitatorios prospectivo de las transiciones de la conducta criterio *tipos de ataques-defensas* y la conducta condicionada *modos de ejecución de las defensas* y un patrón secuencial excitatorios retrospectivo de las mismas transiciones. En relación a los patrones inhibitorios, se han obtenido tres patrones secuenciales prospectivos de las transiciones de la conducta criterio *tipos de ataques-defensas* y la conducta *condicionada modos de ejecución de las defensas*; así como un patrón secuencial excitatorios retrospectivo de las mismas transiciones.

Respecto al criterio *Resultado* que contempla el SOBOX, los expertos han considerado muy explícito el hecho que se acojan dentro de la herramienta observacional, es decir, el tipo de decisión reglada a través del cual el boxeador analizado ha obtenido tanto sus victorias como derrotas. Los resultados pueden dar una información adicional del atleta estudiado. En este sentido, no se han recogido las declaraciones, debido a que su determinación (tipos de decisiones) queda determinada por el reglamento (AIBA, 2011) y establecida por los jueces en la conclusión de los combates.

5.2.2. Confirmación de hipótesis

A continuación hacemos una valoración de cada una de las hipótesis formuladas en este trabajo.

Hipótesis 1: creemos que es posible configurar una herramienta de observación que permita la codificación y el registro de las acciones técnico-tácticas del boxeo de rendimiento; a partir de la cual poder describir estilos preferenciales de combate de los participantes en el ejercicio competitivo.

Queda confirmado después de los elementos aportados en relación a los estudios encontrados en la bibliografía, sumado a la información dada por los expertos consultados, la inexistencia referencial de un estudio observacional en el boxeo que atienda a aspectos de su propia lógica interna, y de sus acciones de combate. Por tanto, podemos afirmar que hemos diseñado y elaborado la primera herramienta observacional *ad hoc* para el análisis de las acciones técnico-tácticas del boxeo de rendimiento, teniendo en cuenta el contexto real de un combate de boxeo y el flujo conductual de los dos participantes que interaccionan al mismo tiempo.

A partir de los datos obtenidos de los combates analizados, hemos determinado los estilos preferenciales de combate de los diferentes competidores en el ejercicio competitivo del boxeo de rendimiento, lo que permite hacer una caracterización muy detallada de los competidores, grupos de divisiones de pesos, equipos, etc. Dichos análisis se centran en las conductas del criterio *distancia de combate, tipos de ataques-defensas*, y el *posicionamiento en el ring*. Estas conductas señaladas ofrecen la información referente a los contextos de interacción en los cuales se desarrollará este deporte.

Determinar los estilos preferenciales en los que se desarrollan los contextos de interacción en el boxeo, constituye una necesidad, en tanto que permite una caracterización global de los combates y una información complementaria que justifica el cómo, es decir, la manera en que el o los observado(s) gestiona(n) de forma general las acciones técnico-tácticos. Los estilos preferenciales de combate a los que hacemos alusión son los siguientes:

a) Primer estilo de combate con un predominio de acciones técnico-tácticas desde las distancia larga, con un posicionamiento del ring en la Z1 con transiciones a la Z2, apoyándose ofensivamente en ataques directos simples fundamentalmente, y con el empleo de defensas de esquivas (por piernas) y afrontamiento (por parada).
b) Segundo estilo de combate con un predominio de acciones técnico-tácticas desde las distancias media por excelencia, con un posicionamiento del ring en la Z2 con transiciones a la Z1, con ataques directos simples y contra-ataques de riposta, así como con defensas de esquivas (por movimientos del tronco).
c) Tercer estilo de combate con un predominio de acciones técnico-tácticas desde la distancia corta y con un posicionamiento del ring

en la Z2 predominantemente, con ataques directos compuestos y contra-ataques de encuentro, con el empleo de defensas de afrontamiento (por parada).

Esta realidad también fue contrastada con los expertos, que coincidieron en asegurar la inexistencia de una herramienta observacional que permitiese la determinación de los contextos de interacción por medio de los estilos preferenciales de combates a partir del análisis, descripción y evaluación de la gestión técnico-táctica de un boxeador durante una pelea. Los análisis descriptivos e inferenciales que se han desarrollado (ver capitulo IV), nos han permitido determinar de forma objetiva y precisa los contextos de interacción descritos. Es importante recalcar que la herramienta taxonómica puede valorarse de *adecuada* puesto que los mismos se ajustan en términos formales a los fundamentos básicos del boxeo, y *aplicable* en tanto que la misma aporta toda la información necesaria en términos descriptivos. Hubo un absoluto consenso y aprobación por el conjunto de expertos de la taxonomía conductual.

Hipótesis 2: consideramos que existe un modelo significativo que explica un alto porcentaje de la variancia en el boxeo de rendimiento.

Queda confirmado que, tal y como se ha reflejado en la tabla 4.2 (capítulo IV), con el modelo de diseño anidado (para *categorías* en *criterios*) conformado por cinco facetas: *Nivel * Combate * Zona * Criterio * (Categoría:Criterio)* [*N*K*Z*C*(E:C)*] se ha estimado un valor del coeficiente de determinación (r^2) próximo a uno. Esta combinación de facetas seleccionadas explica, de manera significativa (*<,0031*) gran parte de la variabilidad del boxeo de rendimiento. Todas las facetas seleccionadas y sus interacciones también han resultado ser significativas. De manera pormenoriza y respecto a la variabilidad aportada por cada una de las facetas y sus interacciones queda bastante repartido entre ellas. Tanto *nivel, zona, categoría* como *criterio* aportan de manera aislada un tercio de la variabilidad total, aunque gran parte de ella es asumida por las facetas *criterio* y *categoría* (suman 27 puntos). También es verdad que todavía quedan fuera del alcance de los investigadores un 13 % de la varianza residual.

Hipótesis 3: creemos que es posible establecer patrones de conducta con una probabilidad de aparición superior a la estimada por el azar en relación a las conductas estratégicas que suceden en el boxeo de rendimiento.

Finalmente, queda confirmado que los resultados secuenciales obtenidos en la aplicación práctica de la herramienta taxonómica SOBOX, una vez codificados y registrados los combates escogidos, han permitido desvelar la presencia de ciertas transiciones entre códigos por encima de lo estimado por el azar, y por tanto, inferir las conductas estratégicas que suceden en cada combate del boxeo de rendimiento. En el apartado 4.4 del capítulo IV, en el que se derivan como los resultados de transiciones entre códigos más relevantes: 18 patrones excitatorios prospectivos y otros tantos retrospectivos por un lado, y 17 patrones inhibitorios prospectivos y 17 retrospectivos, por otro. Complementando al primero, el segundo de los estudios nos permite constatar que los expertos han coincidido también al aseverar que los resultados obtenidos aportan información valiosa para comprender la dinámica del evento boxístico.

5.3. APORTACIONES DEL SOBOX

En la presente obra hemos tratado de llenar un vacío existente en cuanto a la descripción y el análisis de las acciones técnico-tácticas del boxeo de rendimiento, sobre la base de la metodología observacional. En este apartado mostramos las conclusiones a las que hemos llegado, como hemos planteado, en función de los resultados obtenidos de los estudios realizados y que cumplen con los objetivos tanto generales como específicos propuestos. A partir de estos objetivos se pretende solucionar el problema científico que ha dado origen a nuestra investigación, con la cual se contribuye a determinar de forma predictiva (aunque no determinística) los patrones de conducta con una probabilidad de aparición superior a la estimada por el azar, en relación a las conductas estratégicas que suceden en el boxeo de rendimiento.

Por consiguiente, y una vez concluida nuestra investigación, podemos afirmar que se han confirmado todas las hipótesis definidas (ya comentadas en el apartado anterior) y conseguido todos los objetivos propuestos, logrando aportar con ello una herramienta observacional *ad hoc* para el boxeo de rendimiento (SOBOX), que permite describir el conjunto de acciones técnico-tácticas posibles y, de ellas, separar las probables.

El estudio que presentamos, respecto a la fiabilidad, reúne la cientificidad exigible, cuestión que puede ser particularmente contrastable en el análisis de la calidad de los datos en el cual hemos seguido los pasos establecidos por la metodología observacional. Así mismo, la aplicación de las técnicas analíticas de los componentes de varianza y de generalizabilidad, respecto a las facetas y el número de combates analizados, han permitido la obtención de modelos significativos y generalizables que explican en gran parte la variabilidad que presenta el boxeo.

Se ha comprobado mediante el análisis tanto descriptivo como secuencial realizado, que es posible, objetivamente hablando, identificar y describir las interacciones de los participantes, así como determinar los estilos preferenciales de combate de éstos, en función de los criterios ofensivos, defensivos y el posicionamiento en el ring, sobre la base de los patrones de conducta derivados de dichos análisis.

Se ha determinado, dentro del conjunto de temas tratados con los expertos en los grupos de discusión, que los aspectos más destacados del boxeo de rendimiento actual se identifican con tres grandes temáticas que son: a) el cambio en cuanto a la gestión administrativa y técnico-táctica actual de este deporte, b) el resurgir de nuevas potencias deportivas que establecen un nuevo orden y distribución de fuerzas, así como, c) la relación atleta-entrenador en este nuevo contexto deportivo, junto con la búsqueda y revisión de las claves que regulan el éxito en el rendimiento para la obtención de grandes resultados en este deporte.

Por último, respecto a la valoración y validez de los criterios y las categorías de la herramienta observacional propuesta y aplicada en un contexto real, así como de los resultados que ha arrojado la misma, los expertos que han integrado los dos grupos de discusión han expresado, unos detrás de otros, que dicha herramienta es novedosa, completa, útil, de un elevado valor, concebida de una forma integral, que aporta una visión global y que reúne todos los aspectos técnico-tácticos fundamentales que deben ser de conocimiento para un entrenador en la preparación del ejercicio competitivo en este deporte.

5.3.1. Aplicaciones

Las aplicaciones que, una vez terminada nuestra investigación, consideramos que estamos en condiciones de sugerir se identifican con tres aristas fundamentales relacionadas con la selección deportiva en el boxeo, el control del entrenamiento, así como la preparación del deportista, concretamente la que se refiere al aspecto táctico. Seguidamente detallaremos y justificaremos nuestras consideraciones.

El proceso de selección deportiva tiene como principal objeto la identificación temprana del talento deportivo y este es definido, esencialmente, como una disponibilidad excepcional o superior a la media poblacional de sus capacidades y/o habilidades (Hahn, 1988; Salanellas, 1996; Romero, 2007). Partiendo de esta realidad, consideramos que el conjunto de criterios y categorías que como resultado de nuestra investigación se proponen, pueden ser perfectamente empleados como criterios de medida del ejercicio competitivo del boxeo en la identificación y desarrollo de los talentos para el boxeo.

El control del entrenamiento deportivo *"es un proceso orientador, mediante el cual se contrastan de manera objetiva la situación real del deportista y el plan de entrenamiento, a partir de la evaluación de los diferentes aspectos de la preparación del deportista desde los ámbitos del entrenamiento y la competición"* (Balmaseda, 2009b). Si dicho proceso es objetivo, en la medida que es medible y, como hemos demostrado en nuestro trabajo, no existe constancia de la existencia de una herramienta observacional que permita la descripción y el análisis de las acciones técnico-tácticas en el boxeo de rendimiento, podemos considerar que la aplicación del SOBOX brindará la vía para la medición del conjunto de acciones descritas, permitiendo además una evaluación concreta a partir de las interacciones entre los competidores y los patrones de conducta obtenidos.

Desde la aparición del concepto de preparación del deportista definido por Matveev (1966), se contempla como uno de los aspectos fundamentales de este la preparación táctica. En este caso, consideramos que a partir de la aplicación del SOBOX, es posible un reordenamiento objetivo de este contenido de la preparación técnico-táctica sobre la base de la caracterización de boxeadores, grupo de divisiones, torneos, etc., en términos medibles a partir del establecimiento de los patrones de conducta.

5.3.2. Propuestas futuras

A partir de las experiencias obtenidas en la presente obra, consideramos que estamos en condiciones de hacer algunas propuestas que puedan constituir objetos de estudio para futuros trabajos e investigaciones en este campo disciplinar.

Consideramos oportuno el desarrollo de estudios que desde el contexto de aplicación del SOBOX permitan la caracterización de los principales eventos boxísticos que, bajo el amparo de la AIBA, tienen lugar en el mundo. A partir de estos estudios se podrían, en términos objetivos y medibles, hacer inferencias del desarrollo de estos eventos y servirían de referencia para orientar el contenido de la preparación técnico-táctica, valorando y describiendo, de forma específica y fiable, su evolución.

También sería interesante y pertinente encauzar investigaciones dirigidas a la metodología observacional desde una perspectiva holística, en las cuales se comprendan la totalidad de los grupos de divisiones de pesos, así como de las categorías de edades en que se estructura la alta competición en este deporte y, a partir de estos estudios, hacer inferencias longitudinales (en el tiempo) en relación al rendimiento técnico-táctico en el boxeo.

Por último, entendemos sería oportuno considerar la realización de estudios que comprendan las exigencias cambiantes del ejercicio competitivo en el deporte de boxeo, en términos tanto de forma como de contenido, lo que ofrece nuevas líneas de investigación necesarias en la determinación del esclarecimiento de la estructura del rendimiento en relación a la descripción y análisis de las acciones técnico-tácticas del boxeo de rendimiento.

Bibliografia

- Acosta, S. (1987). Ecocardiografia en atletas de boxeo. *Boletín Cientifico-Tecnico. Inder-Cuba, 22*(4), 30-35.
- AIBA. (2010). *Reglamento Técnico y Competición*. [Extraído el 25 de marzo del 2011 desde http://www.aiba.org/default.aspx?pId=183#].
- Alavedra, J. (1981). *Preparación física adaptada al boxeo*. Barcelona: Alas.
- Álvarez-Gayou, J. L. (2003). *Cómo hacer investigación cualitativa: Fundamentos y metodología*. México: Paidós.
- Andréu, J. (1998). *Las técnicas del análisis de contenido: una revisión actualizada*. [Extraído el 28 de marzo del 2010 desde http://public.centrodeestudiosandaluces.es/pdfs/s200103.pdf].
- Anguera, M. T. (1983). *Manual de prácticas de observación*. México: Trillas.
- Anguera, M. T. (1988). *Observación en la escuela*. Barcelona: Graó.
- Anguera, M. T. (1990). Metodología observacional. En *Amau, J., Anguera, M. T. y Gómez Benito, J. Metodología de la investigación en Ciencias del comportamiento (pp.125-236)*. Murcia: Universidad de Murcia.
- Anguera, M. T. (1992). *Metodología de la observación en las ciencias humanas*. Madrid: Cátedra.
- Anguera, M. T. (1994). Metodología observacional en evaluación conductual. En *R. Fernández-Ballesteros (Dir.). Evaluación conductual hoy (pp.197-263)*. Madrid: Piramide.
- Anguera, M. T. (1995). Metodología cualitativa. En *M. T. Anguera, J. Arnau, M. Ato, R. Martínez, J. Pascual y G. Vallejo (Ed.), Métodos de investigación en psicología (capítulo 18)*. Madrid: Síntesis.
- Anguera, M. T. (1997). From prospective patterns in behavior to joint analysis with a retrospective perspective. En *Coloque sur invitation "Méthologie d'analyse des interactions socials"*. Paris: Université de la Sorbonne.
- Anguera, M. T. (1999). *Hacia una evaluación de la actividad y su contexto: ¿Presente o futuro para la metodología?* Discurso de ingreso a la Real Academia de Doctores. Barcelona: 23 de noviembre.
- Anguera, M. T. (2000). *La metodología observacional en el deporte: conceptos básicos.* Lecturas: Educación física y deportes. Revista Digital, 24, [Extraído el 7 de diciembre del 2009 desde http://www.efdeportes.com/efd24b/obs6.htm].
- Anguera, M. T. (2004). Posición de la metodología observacional en el debate entre las opciones metodológicas cualitativa y cuantitativa. ¿Enfrentamiento, complementariedad, integración? *Psicologia em Revista, Belo Horizonte, 10*(15), 13-27.
- Anguera, M. T. y Blanco, A. (2003). Registro y codificación en el comportamiento deportivo. En *A. Hernández-Mendo (Coord.), Psicología del Deporte (Vol.2). Metodología (pp.6-34)*. Buenos Aires: Efdeportes.
- Anguera, M. T., Blanco, A. y Losada, J. L. (2001). Diseños observacionales, cuestión clave en el proceso de la Metodología Observacional. *Metodología de las Ciencias del Comportamiento 3*(2),135-160.
- Aragundi, C. A. (2006). *Observación y Análisis de la acción en voleibol*. Tesis Doctoral: Universidad de Málaga.

- Ardá, A. (1998). *Análisis de los patrones de juego en el Futbol a 7. Estudio de las acciones ofensivas*. Tesis Doctoral no publicada. Universidad de La Coruña.
- Ardá, T. y Casal, C. (2003). Metodología de la enseñanza del futbol. Barcelona: Editorial Paidotribo.
- Arias, M. (2000). Triangulación metodológica: sus principios, alcances y limitaciones. *Enfermera, 18*(1), 37-57.
- Armañanzas E. y Sánchez, F. (2009). El lenguaje de lucha en las crónicas de boxeo de Manuel Alcántara. *Círculo de lingüística aplicada a la comunicación*, 39.
- Arnau, J., Blanco, A. y Losada, J. (1991). Estimación de la precisión de un diseño multivariable de medidas repetidas. Anales de psicología, 7(1), 85-104.
- Auping, M. (2002). Tadao Ando. Conversaciones con Michael Auping. Barcelona: Gustavo Gili, S.L.
- Ayala, R. y Hernández-Mendo, A. (2003). El análisis de contenido: el mensaje publicitario y los medios impresos. Lecturas: Educación física y deportes, 57, [Extraído el 9 de febrero del 2010 desde http://www.efdeportes.com/efd57/obs.htm].
- Baird, L. Newman, C., Volk, H., Svinth, J., Conklin, J. y Levy, M. (2010). Mortality Resulting From Head Injury in Professional Boxing: Case Report. Neurosurgery, 67(2), 519-520.
- Bakeman, R. y Gottman, J. M. (1989). Observación de la interacción. Introducción al análisis secuencial. Madrid: Morata.
- Bakeman, R. y Quera, V. (1996). Análisis de la interacción. Análisis secuencial con SDIS y GSEQ. Madrid: RA-MA.
- Bakken, R. C., Carey, J., Di Fabio, R., Erlandson, T., Hake, J. y Intihar, T. (2001). Effect of aerobic exercise on tracking performance in elderly people: a pilot study. Physical Therapy, 81(12), 1870-1879.
- Balmaseda, M (2009a). Escuela Cubana de Boxeo. Su enseñanza y preparación técnica. Sevilla: Wanceulen, S.A.
- Balmaseda, M. (2009b). Entrenamiento Deportivo. Una disciplina científica. Sevilla: Wanceulen, S.A.
- Barbero, A. (1989). Historia del boxeo aficionado en España. Madrid: Federación Española de Boxeo, D.L.
- Barrett, M. (1999). Performance monitoring device for boxer. International journal of psychology, 34(3), 14-19.
- Beckwith, J., Chu, J. y Greenwald, R. M. (2007). Validation of a Noninvasive System for Measuring Head Acceleration for Use During Boxing. Competition. Journal of applied biomechanics, 23(3), 238-244.
- Beraud, P. y Gahery, Y. (1998). Les coordinations posturo-cinetiques liees a la delivrance d'un coup de pied en Boxe francaise Savant: comparaison entre sujets debutants et experts. STAPS: Revue des Sciences & Techniques des Activites Physiques & Sportives, 19(46), 85-97.
- Betancourt, H., Aréchiga J., y Carvajal, W. (2009). Estimación antropológica de la forma corporal de atletas elites cubanos de deportes olímpicos de combate. Antropo, 19, 22-32.
- Blanco Villaseñor, A. (1983). Análisis cuantitativo de la conducta en sus contextos naturales. Tesis Doctoral no publicada: Universidad de Barcelona.
- Blanco, A. (1989). Fiabilidad y generalización de la observación conductual. Anuario de Psicología, 43(4), 5-32.

- Blanco, A. (1992). Aplicaciones de la Teoría de la Generalizabilidad en la selección de diseños evaluativos. Bordón, 43(4), 431-459.
- Blanco, A. (1993). Fiabilidad, precisión, validez y generalización de los diseños observacionales. En M. T. Anguera (Ed.), Metodología observacional en la investigación psicológica (pp.149-274). Barcelona: P. P. U.
- Blanco, A. (2001). Generalizabilidad de observaciones uni y multifaceta: estimadores LS y ML. Metodología de las Ciencias del Comportamiento, 3(2), 161-193.
- Blanco, A. y Anguera, M.T. (2003). Calidad de los datos registrados en el ámbito deportivo. En A. Hernández-Mendo: Psicología del Deporte: Metodología (Vol. II). Buenos Aires: Tulio Guterman.
- Blanco, A. y Hernández-Mendo, A. (1998). Estimación y generalización en un diseño de estructura espacial defensiva en el fútbol. En J. Sabucedo, R. García Mira, E. Ares y D. Prada (Eds.), Medio Ambiente y Responsabilidad Humana (pp. 579-583). La Coruña: Tórculo.
- Blanco, A., Castellano, J. y Hernández-Mendo, A. (2000). Generalizabilidad de las observaciones de la acción del juego en el fútbol. Psicothema, 12(2), 81-86.
- Blanco, A., Losada, J. L. y Anguera, M. T. (1991). Estimación de la precisión en diseños de evaluación ambiental. Evaluación Psicológica. Psychological Assessment, 7(2), 223-257.
- Bouet, M. (1968). Signification du sport. París: P.U.F.
- Bourdieu, P. (1991). El sentido práctico. Madrid: Taurus.
- Burroughs, J. (2009). Una introducción general a la teoría y aplicaciones del boxeo Taiji. Revista de Artes Marciales Asiáticas, 4(1), 80-93.
- Cai, N. (2006). En memoria de Wu Daxin: el guardián del Boxeo Taiji de la Familia Wu. Revista de Artes Marciales Asiáticas, 1(2), 76-85.
- Callejo, J. (2001). El grupo de discusión: Introducción a una práctica de investigación. Barcelona: Ariel S.A.
- Campbell, D. T. y Fiske, D. W. (1959). Convergent and discriminant validation by multitrait-multimethod matrix. Psychological Bulletin, 56, 81-105.
- Camus, M. (1990). Grandeza y miseria del boxeo: sobre "Del boxeo" de Joyce Carol Oates. Saber leer, 40, 1-2.
- Canales, M. y Peinado, A. (1998). Grupos de discusión. En: Delgado M., Gutiérrez J. Métodos y técnicas cualitativas de investigación en ciencias sociales (pp.287-310). Madrid: Síntesis.
- Carey, M. A. (1994). The Group Effect in Focus Group: Planning. Interpreting and Implementing. Focus Group Research. En Morse (Ed.). Critical Issues in qualitative research methods. Thoudand Oaks: Sage Publications.
- Castellano J. y Blanco, A. (2004a). A time vs frecuency model for the estimation and analysis of variability in soccer. VII Congreso Europeo de Evaluación Psicológica. Málaga.
- Castellano, J. (2000). Observación y análisis de la acción de juego en el fútbol. Tesis Doctoral: Universidad del País Vasco.
- Castellano, J. y Blanco, A. (2003). El marcador como elemento orientador del comportamiento estratégico de los equipos de fútbol: Estimación y análisis de la variabilidad. VII Congreso de Metodología de las Ciencias Sociales y de la Salud. Valencia.

- Castellano, J. y Blanco, A. (2004). El soporte de marca en el fútbol y la variabilidad del comportamiento estratégico de los equipos. En A. González y E. Requena (Ed), Investigación en Ciencias del Deporte (pp. 57-66). Universidad del País Vasco.
- Castellano, J., Hernández-Mendo, A., Gómez de Segura, P., Fontetxa, E. y Bueno, I. (2000). Sistema de codificación y análisis de la calidad del dato en el fútbol de rendimiento. Psicothema, 12(4), 636-641.
- Castellano, J., Perea A. y Alday, L. (2005). Match Vision Studio v3.0. In Abstracts 5th International Conference on Methods and Techniques in Behavioral Research. Measuring Behaviour. Wageningen, The Netherlands.
- Castellano, J., Perea, A. y Hernández-Mendo, A. (2008). Análisis de la evolución del futbol a lo largo de los mundiales. Psicothema, 20(4), 928-932.
- Castellano, J., Perea, A., Alday, L. y Hernández-Mendo, A. (2008). Measuring and observation tool in sports. Behavior Research Methods, 40(3), 898-905.
- Cayero, R. (2008). Observación de la acción de juego del voleibol: análisis secuencial y de variabilidad. Tesis doctoral no publicada: Universidad de Málaga.
- Cea D'Ancona, M. A. (1999). Metodología Cuantitativa: estrategias y técnicas de investigación social. Madrid: Síntesis sociológica.
- Cesaris, M. (2000). Boxeo tailandés, muay thai. Madrid: Tutor, S.A.
- Chirino, J. G. (2003). Diseño de un sistema de superación sobre el doping para atletas y entrenadores de la EIDE Provincial "Lino Salabarría" de Sancti Spíritus. Lecturas: Educación física y deportes, 63, 57-65.
- Constantoyannis, C. y Partheni, M. (2004). Fatal head injury from boxing: a case report from Greece. British Journal of Sports Medicine, 38(1), 78-79.
- Copello, M. (2005). El Arte de enseñar judo. Caracas. Fondo Editorial Andrés Eloy Blanco.
- Cordes, K. (1991). Reasons to strength train for amateur boxing. National Strength & Conditioning Association Journal, 13(5), 18-21.
- Cowie, C. (2000). The ethics of boxing. British Journal of Sports Medicine, 34(3), 230-238.
- Cowman, S. (1993). Triangulation: a means of reconciliation in nursing research. Journal of Acvanced Nursing.
- Creswell, J. W. (1998). Qualitative inquiry and research design: Choosing among five traditions. Thousand Oaks, CA: Sage.
- Cronin, M. (1997). Which nation, which flag? Boxing and national identities in Ireland. International Review for the Sociology of Sport, 32(2), 131-146.
- Degtiariov, I. P. (1983). Boxeo. Libro destinado a los institutos de cultura física. Moscú: Raduga.
- Del Valle, V. (1946). La técnica del pugilismo. Toledo: Católica Toledana.
- Devís, J. (1996). Educación física, deporte y currículum. Madrid: Visor.
- Díaz, P. L. (1999). Pruebas especificas para el control de parámetros fisco-motores del rendimiento en boxeadores de alta calificación. Tesis Doctoral: La Habana, ISCF "Manuel Fajardo".
- Diez, M. (1992). Dimensión ética del boxeo. Madrid: Neo Ediciones.
- Domínguez, J. (2003). Una propuesta de los modos, tipos, formas y aspectos de la clase o unidad de entrenamiento de boxeo. Lecturas: Educación física y deportes. Revista Digital, 62, [Extraído el 19 de marzo del 2010 desde http://www.efdeportes.com/efd62/box.htm].

- Domínguez, J. y Llano, J. (1974). Manual sobre técnica y táctica del boxeo. La Habana: INDER.
- Domínguez, J. y Llano, J. (1987). Preparación básica del boxeador. La Habana: Científico-Técnica.
- Domínguez, M. y Davila, A. (2008). La práctica conversacional del grupo de discusión: jóvenes, ciudadanías y nuevos derechos. En Gordo, L. A., Serrano, Pascual, A. Estrategias y prácticas cualitativas de investigación social. Madrid: Pearson-Prentice Hall.
- Durand, G. (1969). Adolescent et les sports. París: P.U.F.
- Escuela de formación deportiva-COLDEPORTES. (1995). Escuelas de formación deportivas. [Extraído el 15 de marzo del 2010 desde http://www.redcreacion.org/simposio2vg/ADavila.htm].
- Fetterman, D. (1998). Ethnography / Step by step. London: Sage Publications.
- Filimonov, V. I., Koptsev, K. N., Husyanov, Z. M. y Nazarov, S. S. (1985). Boxing: Means of increasing strength of the punch. National Strength & Conditioning Association Journal, 7(6), 65-66.
- Fitzmaurice, P. (1982). Improved boxing performance through strength training. National Strength & Conditioning Association Journal, 4(2), 58-59.
- Fontanills, J. (2002). Experiencias de un entrenador de boxeo cubano en Tailandia. Lecturas: Educación física y deportes, 86, [Extraído el 26 de febrero del 2010 desde http://www.efdeportes.com/efd86/box.htm].
- Fontanills, J. (2003). La recuperación del boxeador. Lecturas: Educación física y deportes, 57, [Extraído el 21 de marzo del 2010 desde http://www.efdeportes.com/efd57/box.htm].
- Fontanills, J. (2004). Tendencia de la intensidad de las cargas en la etapa final de la preparación del equipo nacional de boxeo tailandés que participó en los Juegos Olímpicos de Sydney. Lecturas: Educación física y deportes, 68, [Extraído el 20 de marzo del 2010 desde http://www.efdeportes.com/efd68/boxeo.htm].
- Fontanills, J. (2005). Capacidad física resistencia en los boxeadores tailandeses para Atenas 2004. Lecturas: Educación física y deportes, 86, [Extraído el 20 de marzo del 2010 desde http://www.efdeportes.com/efd86/box.htm].
- Frey, J. H. y Fontana, A. (1991). The group interview in social research. We Social Science Journal, 28(2), 175-187.
- Garay, O. (2003). Observación y análisis de la acción de juego del tenis de dobles. Tesis Doctoral: Universidad de Málaga.
- García, C. M., Harasymowicz, J. y Viramontes, J. A. (2010). Assessment of hand grip strength in Mexican boxers by training phase. Archives of Budo, 6(1), 1-6.
- García, G. (2001). Mirada frontal, mirada de púgil. Exit: imagen y cultura, 2, 60.
- Gil Flores, J. (1994). Análisis de datos cualitativos. Barcelona: PPU.
- Goffman, E. (1987). La presentación del yo en la vida cotidiana. Madrid: Amorrortu-Murguia.
- Goldman, A. E. y McDonald, S. S. (1987). The group depth interview. Principles and practice. Englewood Cliffs (N. J.). Prentice-Hall.
- González Mares, M. A. (1978). El boxeo: metodología y didáctica de la técnica para alta competición. Barcelona: Hispano Europea.
- González, M. S. (2001). La preparación psicológica y las percepciones especializadas en el boxeo escolar: una reflexión necesaria. Lecturas: Educación física y deportes, 36, [25 de febrero del 2010 desde http://www.efdeportes.com/efd36/percep.htm].

- González, M. S. y Sagarra, A. (2006a). El desarrollo de la percepción visual y su comprensión psicopedagógica al deporte de boxeo estilo olímpico. Lecturas: Educación física y deportes, 98, [Extraído el 23 de febrero del 2010 desde http://www.efdeportes.com/efd98/boxeo.htm].
- González, M. S. y Sagarra, A. (2006b). La percepción visual como base de la anticipación de las acciones combativas. Lecturas: Educación física y deportes, 100, [Extraído el 21 de febrero del 2010 desde http://www.efdeportes.com/efd100/visual.htm].
- González, M. S., Sagarra, A. y Díaz, P. L. (2007). La escuela de boxeo como metodología para desarrollar la habilidad perceptiva motilidad ocular durante el entrenamiento del boxeador. Su designación científica. Lecturas: Educación física y deportes, 105, [Extraído el 20 de febrero del 2010 desde http://www.efdeportes.com/efd105/la-escuela-de-boxeo-como-metodologia-para-desarrollar-la-habilidad-perceptiva-motilidad-ocular.htm].
- González, R. (2006). La buena pegada del boxeo patrio. En J. C. Laviana, D. Arjona, S. Fernández (coord) El espíritu del 12 de febrero: 1974 (pp.194-201).
- Gordo, A. J. (2008). Análisis del discurso: los jóvenes y las tecnologías sociales. En A. J. Gordo y A. Serrano, Estrategias y prácticas cualitativas de investigación social (capítulo 9). Madrid: Pearson Educación.
- Gordo, J. A. y Serrano, A. (2008). Estrategias y prácticas cualitativas de investigación social. Madrid: Pearson Educación.
- Gorospe, G. (1999). Observación y análisis en el tenis de individuales. Aportaciones del análisis secuencial y de las coordenadas polares. Tesis Doctoral: Universidad del País Vasco.
- Gradopólov, K. (1979). Reseña historica sobre el desarrollo del Boxeo. En: Boxeo. Libro destinado a los institutos de cultura física. Moscú: Raduga.
- Greenbaum, P. (1993). The Handbook for Focus Group Research. Nueva York: MacMillan.
- Guardo, M. E. (1998). El Arbitraje en el Boxeo Olímpico. Metodología para su perfeccionamiento. Tesis Doctoral: La Habana, ISCF "Manuel Fajardo".
- Guardo, M. E. (2005). El arbitraje en el Boxeo Olímpico. Metodología para su perfeccionamiento. Lecturas: Educación física y deportes, 90, [Extraído el 19 de marzo del 2010 desde http://www.efdeportes.com/efd90/boxeo.htm].
- Guba, E. G. y Lincoln, Y. S. (1994). Competing Paradigms in Qualitative Research. En N. K. Denzin y Lincoln, Y. S. (eds.). Handbook of Qualitative Research. California: Thousand Oaks, Sage Publications.
- Guidetti, L., Musulin, A. y Baldari, C. (2002). Physiological factors in middleweight boxing performance. Journal of Sports Medicine & Physical Fitness, 42(3), 309-314.
- Gursoy, R. (2008). Effects Of Left Or Right Hand Preference On The Success Of Boxers In Turkey. Clinical Journal of Sport Medicine, 18(3), 20-28.
- Hahn, E. (1988). Entrenamiento con niños. Barcelona: Martínez Roca.
- Hall, C. J. y Lane, A. M. (2001). Effects of rapid weight loss on mood and performance among amateur boxers. British Journal of Sports Medicine, 35(6), 390-5.
- Hawick, K. A., James, H. A. y Scogings, C. J. (2006). Grid-boxing for spatial simulation performance optimisation. Conference Information: 39th Annual Simulation Symposium, 98-106.
- He, K., Dong, S. y Zhou, Z. (2007). Multigrid contact detection method. Phys Rev E Stat Nonlin Soft Matter Phys, 75(3), 36-44.

- Heilbronner, R. (2009). Neuropsychological Consequences of Boxing and Recommendations to Improve Safety: A National Academy of Neuropsychology Education Paper. Archives of Clinical Neuropsychology, 24(1), 11-19.
- Hemmings, B., Smith, M., Graydon, J. y Dyson, R. (2000). Effects of massage on physiological restoration, perceived recovery, and repeated sports performance. British Journal of Sports Medicine, 34(2), 109-114.
- Hernández Moreno, J. M. (2000). La iniciación a los deportes desde su estructura y dinámica. Aplicación a la Educación Física Escolar y al Entrenamiento Deportivo. Barcelona: INDE Publicaciones.
- Hernández, R., Fernández, C. & Baptista, P. (2006). Metodología de la Investigación. México: Mc Graw Hill.
- Hernández-Mendo, A. (1996). Observación y análisis de patrones de juego en deportes sociomotores. Tesis Doctoral: Universidad de Santiago de Compostela.
- Hernández-Mendo, A. (2002). Concepto de psicosociología del deporte: una revisión bibliográfica. Lecturas: Educación física y deportes, 46, [Extraído el 15 de febrero del 2010 desde http://www.efdeportes.com/efd46/psisoc.htm].
- Herrera, C. D. y Leclerc, S. (2000). The ethics of boxing. British Journal of Sports Medicine, 34(3), 230.
- Hidehiko, K., Saito, T., Sakagami, Y., Ohtsuki, J. y Tanjoh, K. (2010). Acute Subdural Hematoma Because of Boxing. Journal of Trauma-Injury Infection & Critical Care, 66(2), 298-303.
- Hoffmann, C. (1962). Boxeo. México: Olimpo.
- Holguín, F. y Hayashi, L. (1993). Estadística. México: Diana.
- Hristovski, R., Davids, K. y Araújo, D. (2006). Affordance-controlled bifurcations of action patterns in martial arts. Nonlinear Dynamics Psychol Life Sci, 10(4), 409-44.
- Huang, S. H., Johnson, K. y Pipe, A. (2006). The Use of Dietary Supplements and Medications by Canadian Athletes at the Atlanta and Sydney Olympic Games. Clinical Journal of Sport Medicine, 16(1), 27-33.
- Ibáñez, J. (1979). Más allá de la sociología. El grupo de discusión. Madrid: Siglo XXI.
- Ibáñez, J. (1986). Lenguaje, espacio, segregación social. En García Ballesteros, Aurora (Comp.), El uso del espacio en la vida cotidiana (pp. 29-57). Universidad Autónoma de Madrid, Seminario de Estudios de la Mujer
- Ibáñez, J. (1991) El grupo de discusión: fundamento metodológico y legitimación epistemológica. En M. Latiesa (comp.). El pluralismo metodológico en la investigación social. Granada: Universidad de Granada.
- Ibáñez, J. (1994). Como se realiza una investigación mediante grupos de discusión. En G. Fernando, J. Ibañes y F. Alvira (eds.). El análisis de la realidad social. Madrid: Alianza.
- Juni, J. (1988). Muay thai: boxeo tailandés: técnica y práctica del kick boxing. Barcelona: Alas.
- Katić, R., Blazević, S. y Zagorac, N. (2006). The impact of cognitive processors and conative regulators on specific motor abilities in boxers. Coll Antropol, 30(4), 829-36.
- Kidd, D., Cades, D. y Mcknight, P. E. (2008). Generalizability theory in laboratory interruptions research: estimating variance to improve future research. III European Congress of Methodology. Oviedo (Spain). Abstracts book.
- Kimchi, J., Polivka, B. y Stevenson, J. S. (1991). Triangulation Operational Definitions. Metodology Corner. Rev. Nursing Research.

- Kinnunen, J., Korte, R., Shanmugalingam, N. y Tuominen, H. (2008). Lebesgue points and capacities via the boxing inequality in metric spaces. Indiana university mathematics journal, 57(1), 401-430.
- Knapp, B. (1979). La habilidad en el deporte. Valladolid: Miñón.
- Krippendorff, K. (1990). Metodología de análisis de contenido. Teoría y práctica. Barcelona: Paidós.
- Krueger, R. A. (1988). Focus groups. A practical guide for applied research. California: Newbury Park, CA. Sage Publications.
- Krueger, R. A. (1991). El grupo de discusión. Guías práctica para la investigación aplicada. Madrid: Pirámide.
- Krueger, R. A. (1998). Involving community members in focus groups. En Morgan, D. L. & Krueger, R. A. The focus group kit. Thousand Oaks CA: Sage Publications.
- Kuo, L. Y. (1999). T'ai chi ch'uan: aspectos marciales: el arte del boxeo de sombras. Barcelona: Los Libros de la Liebre de Marzo.
- Landis, D. (1984). Five training ingredients. National Strength & Conditioning Association Journal, 6(2), 26-35.
- Lane, A. (2002). Relationships between performance toward accomplishment and self-efficacy in amateur boxing. Percept Mot Skills, 94(3), 10-56.
- Lane, A. y Lane, H. (2008). Emotional intelligence, mood states and optimal and dysfunctional performance. International journal of psychology, 43(3-4), 148-149.
- Legrain, P., D'Arripe-Longueville, F. y Gernigon, C. (2003). The influence of trained peer tutoring on tutors' motivation and performance in a French boxing setting. Journal Sports Science, 21(7), 539-50.
- López-Angulo, G. A. (2006). Historia de las olimpiadas. Tesis doctoral: Universidad de San Carlos de Guatemala.
- Losada, J. L. (1997). Propuesta para una categorización de los datos observacionales. V Congreso de Metodología de las Ciencias Humanas y Sociales. Sevilla.
- Luco, C. (1984). Lesiones oculares en el boxeo. Sociedad Chilena de Medicina del Deporte, 29, pp.73.
- Malinowski, B. (1986). Els argonautes del pacífic oriental. Barcelona: Edicions 62.
- Mao, H. N. y Sha, P. (2006). Effect of Tai Chi exercise on blood pressure, plasma nitrogen monoxidum and endothelin in hypertensive patients. Chinese Journal of Clinical Rehabilitation, 10(48), 65-67.
- Martínez Arias, R. (1996). Psicometría: Teoría de los tets psicológicos y educativos. Madrid. Síntesis.
- Martos, D, Devis, J. y Sparkes, A. C. (2009). Deporte entre rejas. ¿Algo más que control social?. Revista Internacional de Sociología, 67(2).
- Matthews, M. y Comfort, P. (2008). Applying Complex Training Principles to Boxing: A Practical Approach. Strength & Conditioning Journal, 30(5), 12-15.
- Matvéev. L. P. (1983). Fundamentos del entrenamiento deportivo. Moscú: Ráduga.
- McCrory, P. (2007). The Evidence for Chronic Traumatic Encephalopathy in Boxing. Sports Medicine, 37(6), 467-476.
- Mcknight, P. E. y Sechrest, L. (2008). A primer and critical examination of generalizability theory. III European Congress of Methodology. Oviedo (Spain). Abstracts book.
- Mennesson, C. (2004). The management of women's practice in two "male" sports: various forms of masculine domination. STAPS: Revue des Sciences & Techniques des Activites Physiques & Sportives hiver, 25(63), 89-106.

- Merida, P. (1995). El boxeo en el cine 1894/1994. Barcelona: Laertes.
- Mertens, D. M. (2005). Research and evaluation in education and psychology: Integrating diversity with quantitative, qualitative, and mixed methods. Thousand Oaks CA: Sage Publications.
- Miles, M. B. y Huberman, A. (1994). Qualitative data analysis: an expanded sourcebook. Newbury Park, CA: Sage.
- Minkoff, J., Cavaliere, G. y Simonson, Barry G. (1999). Lesiones en el boxeo. Prácticas clínicas sobre asistencia y prevención de lesiones deportivas / coord. por P.A.F.H. Renström. pp. 637-689.
- Mirra, V. (1996). El minifijador exterior axil en el trato de las fracturas de la base del primero metacarpo en el boxeo. Medicina dello Sport, 49(4), 499-504.
- Morales, V. (2003). Evaluación psicosocial de la calidad en los servicios municipales deportivos: aportaciones desde el análisis de variabilidad. Tesis Doctoral: Universidad de Málaga.
- Morgan D. (1988). Groups as Qualitative Research. Newbury Park: Sage.
- Morita, Y., Igawa, S., Takahashi, H., Tomida, K. y Hirota, K. (1991). Effects of rapid weight reduction diet on protein metabolism and physical performance. Ann Physiol Anthropol, 10(1), 25-33.
- Morse J. (1991). Negotiating commitment and involvement in the nurse–patient relationship. Journal of Advanced Nursing, 16, 455–468.
- Morton, J. P., Robertson, C. y Sutton, L. (2010). Making the Weight: A Case Study From Professional Boxing. International Journal of sport nutrition and exercise metabolism, 20(1), 80-85.
- Mouelhi, S., Tenenbaum, G., Bouzaouach, I., Ben Kheder, A., Feki, Y. y Bouaziz, M. (2006). Information-processing under incremental levels of physical loads: comparing racquet to combat sports. J Sports Med Phys Fitness, 46(2), 335-43.
- Murai, A., Yamane, K. y Nakamura, Y. (2009). Characterization of motor skill based on musculoskeletal model. Conf Proc IEEE Eng Med Biol Soc, 6(5), 42-5.
- Murphy, D. (1986). Customers and thieves. An ethnography of shoplifting. Gower: Hants.
- Neville, A., Atkinson, G., Hughes, M. y Cooper, S. M. (2002). Statistical methods for analysing discrete and categorical data recorded in performance analysis. Journal of Sports Science, 20, 829-844.
- Oates, J. C., Arconada, J. y Ranard, J. (1990). Del Boxeo. Barcelona: Tusquets editores.
- O'Driscoll, E., Steele, J., Perez, H., Yreys, S., Snowkroft, N. y Locasio, F. (1999). The metabolic cost of two trials of boxing exercise utilizing a heavy bag. Medicine & Science in Sports & Exercise, 31(5), 158.
- Ogurenkov, E. (1966). Boxeo contemporáneo. Moscú: Cultura Física y Deporte.
- Olmsted, M. S. (1992). El pequeño grupo. México: Paidós.
- Parlebas, P. (1974). Analyse mathématique élémentaire d'un jeu sportif. Mathématiques et Sciences Humaines, 47, 5-35.
- Parlebas, P. (1981). Contribution a un lexique commenté en science de l'action motrice. Paris: Publications I.N.S.E.P.
- Parlebas, P. (1988). Elementos de sociología del deporte. Málaga: Unisport Andalucía.
- Parlebas, P. (2001). Juegos, deporte y sociedad. Léxico de praxiología motriz. Barcelona: Paidotribo.

- Parlebas, P. (2003). Un nuevo paradigma en educación física: los dominios de acción motriz. III Congreso FIEP. Caceres.
- Perea, A. (2008). Análisis de las acciones colectivas en el futbol de rendimiento. Tesis Doctoral. San Sebastián: Universidad del País Vasco.
- Perea, A., Castellano, J., Hernández-Mendo, A., Álvarez Pastor, D. y Castellano, L. P. (2005). Pautas para el análisis de la calidad del dato en la observación de los deportes colectivos: una aplicación en el fútbol. I Congreso Virtual de Investigación en la Actividad Física y el Deporte, celebrado en e lIVEF-SHEE de Vitoria-Gasteiz.
- Pérez, J. (2000). La triangulación analítica como recurso para la validación de estudios de encuesta recurrentes e investigaciones de réplica en Educación Superior. [Extraído el 26 de enero del 2010 desde http://www.uv.es/RELIEVE/v12n2/RELIEVEv12n2_6.htm].
- Portela, F. y McKenna, M. (2008). Un análisis preliminar de la estructura de la Kata Goju-ryu. Revista de Artes Marciales Asiáticas, 3(1), 60-67.
- Pujadas, J. (1992). El método biográfico: El uso de las historias de vida en ciencias sociales. Madrid: Centro de Investigaciones Sociológicas.
- Remans, A. (2000). Información y documentación deportiva en Europa. Revista General de Información y Documentación, 10(1), 17-29.
- Rodríguez, F. (1984). Manual de boxeo: técnicas de preparación. Barcelona: Mitre, D.L.
- Rodríguez, F. (1987). Boxeo como deporte y profesión. Barcelona: Hispano Europea, S.A.
- Rodríguez, F. (1989). Tyson, la historia de un campeón: análisis de los mejores pesos pesados del mundo. Madrid: Universo, D.L.
- Rodríguez, F. (2002). Teoría y práctica del boxeo como deporte y profesión. Madrid: Tutor, S.A.
- Rodríguez, L., Prieto, J. A. y González, V. (2008). Descripción de diversos test para la valoración de la condición física. Revista de Artes Marciales Asiáticas, 3(1), 47.
- Rodríguez, O. (2005). La Triangulación como Estrategia de Investigación en Ciencias Sociales. [Extraído el 15 de febrero del 2010 desde http://www.madrimasd.org/revista/revista31/tribuna/tribuna2.asp].
- Romero, E. (2007). La iniciación deportiva en Atletismo en edades 10-11 años. La Habana: ISCF "Manuel Fajardo".
- Roque, P. (2004). El supra ciclo bienal de la planificación del entrenamiento deportivo para los campeonatos mundiales juveniles en el boxeo cubano. Tesis de Doctorado: Ciudad de la Habana, ISCF "Manuel Fajardo".
- Roskam, G. (2008). Arguments as boxing gloves: ethics of philosophical polemics in Middle Platonism. Etudes classiques, 2(3), 197-232.
- Rossell, T. (1986). El arte del boxeo de Hung Hei Kun: técnicas superiores del Hung Kuen. Barcelona: Alas.
- Rubio, M. J. y Varas, J. (2004). El análisis de la realidad en la intervención social/métodos y técnicas de investigación. Madrid: Editorial CCS.
- Ruiz Olabuénaga, J. I. (2003). Metodología de la Investigación cualitativa. Barcelona: Gedisa.
- Ruiz, J. I. y Olabuenaga, R. (2003). Metodología de la investigación cualitativa. Bilbao. Universidad de Deusto.
- Saarni, S. E., Rissanen, A., Sarna, S., Koskenvuo, M. y Kaprio, J. (2006). Weight cycling of athletes and subsequent weight gain in middleage. Int J Obes (Lond), 30(11), 1639-44.

- Sackett, G. P. (1978). Measurement in observacional Reseach. In G.P. Sackett (eds.), Observing Behavior. The University of Park Press Battimore, pp.25-43.
- Sackett, G. P. (1979). The Lag Sequential Analysis of Contingency and Cyclicity in Behavioral Interaction Research. In J.D. Osofsky (eds.), Handbook of infant developement (pp.623-649). New York: Wiley.
- Sackett, G. P. (1980). Lag Sequential Analysis as a data Reduction Technique in Social Interaction Research. In D.B. Sawin, R.C. Hawkins, L.O. Walker & J.H. Penticuff (eds.). Exceptional infant. Phychosocial risks in infant-environment transactions (pp. 300-340). New York: Brunner/Mazel.
- Sackett, G. P. (1987). Analysis of Sequencial Social Interaction data: Some Issues. Recent Developments and a Casual Inference Model. En J. D. Osofsky (Eds.), Handbook of infant development (pp.855-878). New York: Wiley.
- Sagarra, A. (1991). El período directo a competencia, en el Boxeo cubano, un método moderno de planificación del entrenamiento deportivo. Tesis Doctoral: La Habana, ISCF "Manuel Fajardo".
- Sagarra, A., González, M. S. y Díaz, P. L. (2006). La escuela de boxeo como metodología para desarrollar la habilidad agudeza visual dinámica durante el entrenamiento del boxeador; su designación científica. Lecturas: Educación física y deportes, 102, [Extraído el 17 de febrero del 2010 desde http://www.efdeportes.com/efd102/visual.htm].
- Salanellas, F. (1996). Los Centros de Tecnificación: Búsqueda de talentos. Apunts: Educación Física y Deporte. Cataluña. 44-45. pp. 34.
- Salgado, A. (1978). Boxeo amateur español. Santa Cruz de Tenerife: Luis Yuste, D.L.
- Sánchez, F. y Armañanzas, E. (2009). Desde el Ring Side: el "nuevo periodismo" de Manuel Alcántara en Marca (1967-1978). Tonos digital: Revista electrónica de estudios filológicos, 18.
- Sands, R. (2002). Sport ethnography. Human Kinetics, Champaign, I. L. SAS Institute Inc. SAS/STAT User´s Guide. Version 7-1. Cary, NC: SAS Institute Inc.
- SAS Institute Inc. (1999). SAS/STAT User's Guide, Version 8. Cary, NC: SAS Institute Inc.
- Sautu, L. (2010) Observación y análisis de la acción de juego en baloncesto ACB. Tesis doctoral no publicada: Universidad del País Vasco.
- Schlotzhauer, S. D. y Littell, R. C. (1997). SAS System for Elementary Statistical Analysis. Second Edition. Cary, NC: SAS Institute Inc.
- Serra, F. (1989). La preparación física del boxeador. Almeria: Federación Española de Boxeo.
- Shaw, M. E. (1980). Dinámica de grupos. Barcelona: Herder.
- Sheard, K. G. (1997). Aspects of boxing in the western "civilizing process". International Review for the Sociology of Sport, 32(1), 31-57.
- Shilstone, M. (1986). Scientific nutrition and conditioning principles for boxing: A case study of Michael Spinks. National Strength & Conditioning Association Journal, 8(3), 43-44.
- Siegler, J. y Hirscher, K. (2010). Sodium bicarbonate ingestion and boxing performance. Journal of Strength & Conditioning Research, 24(1), 103.
- Smith, M. (1996). The influence of creatine monohydrate supplementation on simulated amateur boxing performance. First annual congress, frontiers in sport science, the European perspective. Book of abstracts, Nice, European College of Sport Science, pp. 564-565.

- Smith, M. S., Dyson, R., Hale, T., Harrison, J. H. y McManus, P. (2000). The effects in humans of rapid loss of body mass on a boxing-related task. Eur J Appl Physiol, 83(1), 34-9.
- Smith, M. y Graydon, J. (1998). The effects of massage ou psychological regeneration and repeated amateur boxing performance. Journal of Sports Sciences, 16(1), 82.
- Smith, M., Dyson, R., Hale, T., Harrison, J. H. y McManus, P. (1996). The effects of dehydration and subsequent rehydration on amateur boxing performance. Journal of Sports Sciences, 14(4), 366.
- Speiser, E. A. (1933). Ethnic Movements in the Near East. Annual of the American Schools of Oriental Research, 13, 43.
- Sterkowicz, S. y Franchini, E. (2009). Testing motor fitness in karate. Archives of Budo, 5, 29-34.
- Taylor, S. J. y Bogdan, R. (1986). Introducción a los métodos cualitativos de investigación. Buenos Aires: Paidos.
- Tesch, R. (1991). Software for Qualitative Researchers: Analysis Nedds and Program Capabilities. En N. G. Fielding y R. M. Lee (eds.), Using Computers in Qualitative Research. Sage, London.
- Toro, C. (2006). El "noble arte del boxeo": el ambiente de posguerra en el que vive España da paso al auge de un deporte que forja ídolos legendarios. En D. Arjona, S. Fernández y J. C. Laviana (coord) Franco viste de uniforme a las Cortes: 1943 (pp.179-187).
- Turner, A. N. (2009). Strength and Conditioning for Muay Thai Athletes. Strength and conditioning journal, 31(6), 78-92.
- Úbeda, N., Palacios, N., Montalvo, Z., García, J., García, A. e Iglesias, E. (2010). Hábitos alimenticios y composición corporal de deportistas españoles de élite pertenecientes a disciplinas de combate. Nutrición hospitalaria: Órgano oficial de la Sociedad española de nutrición parenteral y enteral, 25(3), 414-421.
- Usabiaga, O. (2005). Descripción y análisis de la pelota vasca: aplicación en mano parejas. Tesis Doctoral. San Sebastián: Universidad del País Vasco.
- Usabiaga, O. (2006). Gipuzkoako Euskal Pilota Federazioa: Errendimendua eta sustapena uztartzen dituen eredua. Ikastaria, 15, 143-151.
- Vadala, G. (1995). Aspectos morfofuncionales del aparato ocular en los practicantes de boxeo: resultados de una investigación entre los púgiles de la región Piemonte. Medicina dello Sport, 48(2), 165-198.
- Vadillo, F. (1980). Boxeo, dioses y gangsters. Madrid: Riego, D. L.
- Vadillo, F. (1981). Boxeo y mafia. Madrid: Taxco.
- Valles, M. S. (1997). Técnicas cualitativas de investigación social. Reflexión metodológica y práctica profesional. Madrid: Síntesis.
- Vázquez, J. L. (2005). Cinderella man: La segunda gran película de boxeo del 2005. Formas de arquitectura y arte, Nº. 12, (Ejemplar dedicado a: 750 aniversario Ciudad Real), pp.72.
- Wacquant, L. (2004). Entre las cuerdas: Cuadernos etnográficos de un aprendiz de boxeador. Madrid: Alianza Editorial.
- Wacquant, L. (2005). Protección, disciplina y honor. Una sala de boxeo en el gueto americano. Jóvenes sin tregua: culturas y políticas de la violencia / Francisco Ferrándiz (ed. lit.), Carles Feixa Pàmpols (ed. lit.), pp.113-128.
- Walpole, R. E. y Myers, R. H. (1996). Probabilidad y Estadística. México: McGraw-Hill.

- Warden, D. L. y Bleiberg, J. y Cameron, K. L. (2001). Persistent prolongation of simple reaction time in sports concussion. Neurology, 57(3), 524-526.
- Warnick, J. E. y Warnick, K. (2007). Specification of variables predictive of victories in the sport of boxing. Percept Mot Skills, 105(1), 153-8.
- Warnick, J. E. y Warnick, K. (2009). Specification of variables predictive of victories in the sport of boxing: II. Further characterization of previous success. Percept Mot Skills, 108(1), 137-8.
- Watts, M. y Ebbutt, D. (1987). More than the sum of the parts: research methods in group interviewing. British Educational Research Journal, 13(1), 25-34.
- Web, J. (2007). Análisis de los métodos de golpeo con el puño del Wing Tsun. Revista de Artes Marciales Asiáticas, 2(3), 90-109.
- Whiting, W. C. (1987). Kinematic analysis of human upper extremity movements in boxing using 3D cinematographic techniques. Medicine & Science in Sports & Exercis, 19(2), 25-38.
- Woods, P. (1998). La escuela por dentro: la etnografía en la investigación educativa. Barcelona: Paidós.
- Ysewijn, P. (1996). GT: Software for generalizability studies. Available online at www.irdp.ch/methodo/generali.htm.
- Ysewijn, P. (1996). GT: Software for Generalizability Studies. Mimeografía.
- Zazryn, T., McCrory, P. y Cameron, P. (2009). Injury Rates and Risk Factors in Competitive Professional Boxing. Clinical Journal of Sport Medicine, 19(1), 20-25.
- Zubillaga, A. (2006). La actividad del jugador de fútbol en alta competición: Análisis de variabilidad. Tesis Doctoral: Universidad de Málaga.

www.ingramcontent.com/pod-product-compliance
Lightning Source LLC
LaVergne TN
LVHW081317110826
845149LV00006B/1536

* 9 7 8 8 4 9 9 9 3 3 4 0 5 *